Changer de vie professionnelle

Groupe Eyrolles
61, bd Saint-Germain
75240 Paris Cedex 05

www.editions-eyrolles.com

ISBN : 978-2-212-56173-9

Mireille Garolla

Changer de vie professionnelle

C'est possible en milieu de carrière

EYROLLES

Sommaire

PARTIE 3 - DESSINER SON RÊVE

PARTIE 4 - RECONNECTER SA VIE

Partie 6 - Démarrer sa vie de demain

Définir sa signature

Diplômée de l'ESCP Europe, **Mireille Garolla** a commencé sa carrière dans le domaine de la finance avant de s'orienter vers des fonctions de direction générale en France et à l'international.

Elle dirige depuis plusieurs années Group'3C, cabinet de conseil en ressources humaines travaillant à la fois pour les entreprises et les particuliers. Group'3C dispose d'une méthodologie propriétaire qui a permis le repositionnement de centaines de cadres et de dirigeants depuis plus de quinze ans.

Elle considère que la recherche d'emploi et le pilotage de sa carrière s'acquièrent de la même façon que l'on apprendrait les techniques d'un métier, mais que cet exercice doit tout d'abord commencer par une démarche d'analyse éminemment personnelle. Cette recherche se conclut par la mise en place de règles de suivi de carrière qui doivent devenir des réflexes.

Elle se propose avec ce livre de vous accompagner dans ce voyage qui peut se révéler une très belle opportunité de vie.

Coach certifiée de l'Institut de Coaching de Genève, Mireille est habilitée pour les tests psychotechniques MBTI et SOSIE.

Elle anime une émission de radio consacrée à la recherche d'emploi sur Fréquence Protestante ainsi que deux chroniques mensuelles, l'une sur « Village de la Justice » et l'autre auprès des Alumni[1] de l'ESCP.

Elle est membre de la commission carrière de l'ESCP Europe.

1. Alumni : anciens élèves de l'école.

Introduction

Le monde autour de nous évolue de plus en plus vite et ce n'est que le début car il va devenir structurellement changeant. Comme l'illustre si brillamment Michel Serres lors de la conférence inaugurale du programme de Paris « Nouveaux Mondes », qui s'est tenue en janvier 2013, nous sommes à un **changement de paradigme de société.**

Il va falloir **nous adapter à ces nouvelles règles** alors que nous n'y sommes absolument pas préparés.

Tout va être modifié : famille, couple, politique, éducation, métiers et la façon de les exercer... Être en poste dans une entreprise ne vous met plus à l'abri. Et lorsque vous êtes hors poste, vous serez juste contraint de vous adapter un peu plus rapidement.

La mondialisation et les avancées technologiques peuvent tout bouleverser en quelques années.

Les différentes règles du jeu sont loin d'être définies et nous n'avons aucune idée de quoi demain sera fait.

Que vous soyez en poste ou que vous soyez hors poste, il va falloir, en conséquence, **apprendre à vous définir et à vous réinventer**.

Vous ne pourrez plus vous appuyer ni sur vos diplômes, ni sur votre réseau (qui fond d'ailleurs comme neige au soleil lorsque vous êtes hors poste), ni même sur les choses que vous avez réussies par le passé.

Vous aurez la chance d'évoluer dans un monde beaucoup plus ouvert, dans lequel, de façon paradoxale, pour pouvoir fonctionner efficacement avec les autres, vous allez devoir apprendre à vous appuyer sur vous-même. En effet, les piliers sur lesquels vous vous appuyiez jusqu'alors et qui vous donnaient une sensation de confort et de sécurité peuvent très bien disparaître sans préavis.

Le système économique dans lequel nous évoluons est lui-même en train de se modifier, et cette bascule est la conséquence de plusieurs phénomènes concomitants.

- Les modèles économiques de « freemium[1] » qui ont éclos ces dernières années (et la concurrence acharnée de nombreux secteurs) font que les gens s'attendent de plus en plus à ne pas payer les services qu'ils utilisent : petits déjeuners et conférences gratuites, vidéos et chansons téléchargées en général illégalement...
- La pléthore d'offres, qui fait qu'une grande partie des individus va aller au moins cher, car il est *a priori* difficile de déterminer aujourd'hui des critères de choix cohérents. De nombreux exemples sont à prendre parmi les derniers scandales survenus dans le domaine de l'alimentation et du bio, où même la marque et le prix ne sont plus une garantie.
- Notre entrée dans une économie de crise qui fait que nous devrons réinventer des valeurs comme la solidarité ou encore une certaine forme d'économie de troc, comparable à ce qui existe depuis longtemps dans les pays émergents.

Il va falloir apprendre à donner autant que recevoir. Les schémas hiérarchiques d'entreprise en vigueur depuis plus de cinquante ans vont se trouver modifiés. La position dans l'organigramme, le salaire et le nombre de personnes supervisées n'auront plus la même importance. Ainsi, dans le cadre d'un repositionnement de milieu de carrière, un directeur général de business unit qui cherchera à retrouver le même type de poste ne sera pas forcément la personne la mieux positionnée dans la course du retour à l'emploi.

---

1. Le freemium est un modèle économique associant une offre gratuite en libre accès et une offre « premium », haut de gamme, en accès payant.

J'ai eu l'exemple de certains de mes clients qui avaient de très beaux parcours et se retrouvaient dans des situations extrêmement précaires en l'espace de trois à cinq ans. Ils n'avaient rien vu venir et s'étaient bercés d'illusions !

Il faut que vous appreniez à vous connaître pour vous définir, pouvoir vous présenter et vous diriger vers les métiers qui vous permettront de vous différencier et de donner le meilleur de vous-même.

Avoir de bonnes idées ne suffit plus, il faut aussi et surtout avoir le talent, la capacité et l'opiniâtreté de les mettre en œuvre quoi qu'il arrive. La réussite et l'art de rebondir se conjuguent de façon très pragmatique.

Dans un monde en mutation, l'approche que je vous conseille d'adopter devra être également flexible.

- Elle devra bien sûr être ouverte et à l'écoute du monde extérieur pour en saisir les règles, les tendances et les contraintes du moment afin d'être en mesure de vous y adapter.
- Mais elle devra, et c'est probablement le plus important, être tournée vers l'intérieur afin que vous définissiez vos ancrages. Sans cette seconde dimension, vous aurez un grand risque de vous perdre au cours de cette réorientation.

Ce livre n'a pas pour finalité de vous aider à gérer vos crises de carrière au coup par coup et de façon réactive. Il se place au contraire dans une optique de continuité et de construction. Il vous propose en fait un modèle de structuration de votre pensée et de votre présentation pour faire des choix de vie qui orienteront votre futur et des outils d'analyse pratiques pour y arriver. Ce livre vous aidera lorsque vous aurez besoin de vous réaligner. Vous pourrez vous y référer chaque fois que vous aurez une option professionnelle à prendre dans le futur. Cette expérience, si elle vous amène à une véritable remise en question, peut aussi se révéler une des plus enrichissantes de votre vie.

Il vous fera enfin réaliser qu'il n'existe qu'une bonne façon de faire, **la vôtre**. Le but de cet ouvrage est de vous apprendre à la trouver, dans une recherche d'authenticité et d'autonomie. Bien sûr, avoir pour modèle un leader charismatique et chercher à s'en inspirer est souvent une bonne idée, mais ce qui lui convient ne vous conviendra pas forcément. Vous risquez de vous épuiser en copiant quelque chose qui ne vous correspond pas. Il vous faudra donc apprendre à trouver votre propre vérité.

Votre problématique n'est pas seulement liée à un marché, elle est aussi individuelle et, avant tout, personnelle.

Votre avenir n'est pas lié à la courbe du chômage mais aux décisions que vous prendrez demain.

Pour le temps de ce livre, et j'espère pour longtemps après, vous êtes le héros !

N'hésitez pas à vous en servir de façon extrêmement pragmatique pour avancer !

Bienvenue dans un monde meilleur : le vôtre !

À qui s'adresse ce livre

Que vous soyez en recherche ou en poste.

Ce livre est principalement destiné à des cadres en milieu de carrière, entre 35 et 55 ans, qu'ils soient en poste ou hors poste.

Il s'adresse à ceux qui sont en poste pour leur éviter des accidents de parcours, leur permettre de prendre en main leur carrière et planifier le plus sereinement possible la suite.

Il s'adresse aussi à ceux qui sont hors poste, que cela soit de leur fait ou non, pour leur expliquer comment optimiser ce temps pour rebondir.

En effet, si vous avez l'impression, alors que **vous êtes en poste,** d'arriver au bout d'une histoire, l'impression de ne plus pouvoir ou vouloir faire le même métier toute votre vie, l'impression de ne pas ou de ne plus arriver à vous projeter dans le temps et dans votre société, si vous avez cette impression de malaise, alors vous pouvez être sûr que quelque chose va se passer, que cela soit de votre fait ou pas.

Vous êtes en recherche : vous ne savez pas très bien comment vous y prendre, cela fait plusieurs mois que vous répondez à des annonces et que l'on ne vous répond pas... De nombreux livres vous expliquent comment vous présenter et comment rechercher, mais à la suite d'une ou plusieurs sorties de postes, vous avez l'impression que vous ne savez plus du tout où vous en êtes.

Si vous vous trouvez dans l'une de ces deux situations, alors ce livre est fait pour vous.

Partie 1

Le questionnement de la quarantaine

La quarantaine est un âge de profondes mutations. C'est la fin d'une période d'apprentissage, qu'elle soit théorique (vos études) ou pratique (votre première expérience professionnelle). Vous avez commencé à faire vos preuves et vous êtes lancé à corps perdu dans la bataille de la vie, convaincu que vous aviez une partition à jouer. Vous avez ainsi pu expérimenter vos premiers succès et vos premiers échecs amoureux, familiaux et professionnels.

Cette première période de votre vie a souvent été exaltante, même si cela a pu se révéler difficile. En effet, vous étiez toujours en mouvement et si vous n'arriviez pas à obtenir tout de suite ce que vous désiriez, vous vous disiez que cela n'était que partie remise. Aujourd'hui, vous vous trouvez dans une situation où la partie facile est terminée. Vous avez fini de faire les choses parce qu'on vous avait demandé de suivre des règles, vous entrez dans une phase où vous prenez vous-même vos propres décisions. Afin de les prendre en toute connaissance de cause, vous allez devoir commencer par déterminer ou retrouver vos bases.

1

Les situations génératrices de questionnement

Un changement légitime des aspirations en milieu de vie

À partir de 37-45 ans, si vous êtes à un poste de cadre dans une entreprise, il est fort probable que la perception que vous avez de votre situation personnelle et professionnelle prenne une coloration un peu particulière.

Vous allez, à un moment ou un à autre de cette période, entrer dans une phase de questionnement qui va peut-être vous amener à effectuer un changement total de tous les objectifs que vous vous étiez jusque-là assignés et peut-être même des valeurs sur lesquelles vous vous étiez jusque-là appuyé.

Plusieurs cas peuvent alors se présenter.

Un succès professionnel rapidement atteint

Vous avez beaucoup travaillé pendant la première partie de votre carrière professionnelle, souvent au prix de grands sacrifices personnels, pour monter dans la hiérarchie d'une entreprise et vous faire peu à peu votre place. Il s'agissait pour vous d'un challenge : vous prouver que vous étiez capable d'arriver à une certaine forme de succès, que vos études n'étaient qu'un début dans votre vie professionnelle, continuer à être en phase d'apprentissage et acquérir une large expérience que vous pourriez ensuite revendre. Vous avez fait un certain nombre de sacrifices, soit en termes de temps passé au travail en acceptant une charge toujours plus lourde et encore plus de responsabilités, soit des sacrifices familiaux et personnels. Ceux-ci vous ont peut-être conduit à des situations dans lesquelles vous vous êtes retrouvé loin de votre famille ou pour lesquelles vous avez accepté des situations d'expatriation dans le but d'augmenter votre courbe d'apprentissage et d'expérience. Cette situation a pu durer pendant de nombreuses années parce que vous étiez littéralement porté par la vision de votre avenir (forcément meilleur) et de l'objectif professionnel que vous vous étiez fixé : poste de direction, qui serait la preuve de votre excellence.

Il s'agissait pour vous d'un challenge.

Aujourd'hui, vous êtes dans cette situation de direction générale ou de poste à un comité de direction qui vous avait tant fait rêver, et vous vous apercevez que, curieusement, cette position ne vous apporte pas les satisfactions que vous en attendiez. Vous avez fait vos preuves, vous êtes depuis quelques années dans ce poste et celui-ci ne vous nourrit plus, ou du moins pas à la hauteur des sacrifices que vous avez mis en œuvre pour l'obtenir.

L'équilibre qui vous portait jusque-là a été remis en cause et vous vous dites qu'il est enfin temps de « monétiser » ces sacrifices en confort de vie.

Un succès professionnel à mettre en place

Dans un second schéma, vous avez peut-être été amené à mettre en avant votre situation personnelle et familiale au détriment de votre situation professionnelle. Vous considérez que vous n'avez pas complètement réussi dans votre carrière jusque-là et vous voudriez trouver un second souffle pour donner votre pleine puissance professionnelle.

L'œil du coach

À l'aube de la quarantaine, vous vous dites que c'est la dernière occasion de faire quelque chose de votre vie professionnelle si vous ne voulez pas avoir des regrets…

Vous vous dites que vous avez, en quelque sorte, sacrifié votre carrière un certain nombre d'années pendant lesquelles vous n'avez pas travaillé pour vous occuper de vos proches, ou pendant lesquelles vous avez accepté des postes alimentaires et relativement peu en rapport avec vos centres d'intérêt, et parfois même vos diplômes. Aujourd'hui, à l'aube de la quarantaine, vous vous dites que c'est la dernière occasion de faire quelque chose de votre vie professionnelle si vous ne voulez pas avoir des regrets durant le restant de votre vie à ce sujet. Vous êtes prêt à tout changer, quelle que soit la prise de risque car vous jouez alors face à vous-même et considérez que vous avez beaucoup à faire et à vous prouver.

Le problème, c'est que vous ne savez souvent pas comment vous y prendre ni que faire pour construire une nouvelle histoire. Ce que vous avez fait jusque-là vous a conduit à une sorte d'impasse. Faut-il faire la même chose en changeant d'environnement et en espérant être mieux reconnu et obtenir une promotion ? Faut-il partir ailleurs faire quelque chose de complètement différent ? Que faudrait-il mettre en place et comment ? Dans quel contexte ? Vous ne voyez pas comment vous allez pouvoir faire le lien entre la situation dans laquelle vous vous trouvez aujourd'hui et un futur qu'il va vous falloir entièrement redéfinir. Vous vous sentez clairement démuni.

Un plateau professionnel

Dans un troisième cas, enfin, vous avez en partie réussi votre vie professionnelle. Vous êtes depuis de nombreuses années dans un même poste que vous avez fait grandir et évoluer avec vous au fil des ans. L'interrogation qui vous taraude est alors la suivante : si vous restez dans la même entreprise pendant encore cinq ans, vous serez alors obligé d'y rester ou, pour le moins, de rester dans ce type de poste pour tout le reste de votre carrière et n'aurez probablement pas, ou très difficilement, de possibilités d'expérimenter autre chose car vous serez alors beaucoup trop marqué par un secteur et par un métier.

L'œil du coach

La question qui revient sans cesse est : où aller ? pour faire quoi ? Il n'est pas question de changer pour faire quelque chose de similaire, il n'est pas non plus envisageable de changer pour faire quelque chose de moins bien.

La prise de risque doit être néanmoins limitée car, comme le dit le vieil adage populaire, on sait ce que l'on a et on ne sait pas ce que l'on va trouver…

Toutes les sociétés ne permettent pas d'évoluer professionnellement au sein de la même structure et les changements d'une entreprise à l'autre, avec des augmentations de responsabilité, ne sont pas toujours très faciles à réaliser. Vous êtes face à un dilemme intéressant : sécurité immédiate *versus* sécurité possible à terme. Mais quoi que vous décidiez, l'avenir sera de toute façon sans garantie.

L'œil du coach

Vous êtes face à un dilemme intéressant : sécurité immédiate *versus* sécurité possible à terme.

En effet, si vous décidez de rester dans votre société, malgré toutes vos années d'ancienneté, il n'est pas certain que vous soyez promu vers d'autres postes, car si tel était le cas, il est probable que cela vous aurait déjà été proposé. Vous avez donc atteint une sorte de plafond de verre. Vous n'êtes pas non plus à l'abri d'une restructuration de votre entreprise ou de votre fonction qui vous conduira peut-être à devoir quitter la société dans laquelle vous avez passé la plus grande partie de votre carrière. Il vous faudra donc faire une analyse des risques, des contraintes et des opportunités, avant de la quitter, pour déterminer quels sont les risques d'un changement et ce que vous voulez faire ailleurs.

Aux alentours de la quarantaine, vous vous trouvez face à une situation nouvelle. Vous avez, à un moment donné, forcément dû vous confronter à un ou deux échecs, les exigences auxquelles vous avez fait face dans le milieu professionnel n'ont pas toujours été récompensées, que cela soit du fait de l'entreprise ou de votre fait personnel. De plus, vous n'êtes plus porté par la même vision ni par la même mission que lors de votre début de carrière. Vous arrivez à un moment de votre vie où vous cherchez avant tout à être reconnu pour ce que vous aimez faire et la personne que vous êtes. Vous voulez être vous-même et commencer à vivre pleinement la seconde partie de votre vie, même si parfois vous n'avez aucune idée de ce que vous voulez faire ou de la façon dont vous allez vous y prendre.

Tout ce que vous savez, c'est que vous allez devoir changer de nombreuses choses, parfois même tout.

Un climat économique anxiogène

Pour les personnes en poste

Vous ne vous sentez pas bien dans votre poste, mais la lecture de la presse vous montre tous les jours que nous vivons une crise économique durable. Vous êtes tiraillé entre l'envie de quitter une société dans laquelle, souvent, vous ne vous reconnaissez plus et qui ne vous valorise pas à la hauteur de vos attentes, et la crainte du changement.

Quel pourrait être votre avenir en dehors de cette entreprise que vous avez au moins l'avantage de connaître ?

Vous hésitez entre le désir de partir et d'obtenir ailleurs quelque chose que votre entreprise vous refuse et que vous considérez comme vous étant dû et la peur de l'inconnu. Il vous faudra faire vos preuves ailleurs, et vous ne savez pas comment vous allez être accueilli. Vous êtes alors très probablement dans une situation où vous tournez en rond. Et ne savez plus vraiment dans quelle direction aller ou vers quelle société ou secteur vous diriger.

L'œil du coach

Attention au burn-out !

La conséquence la plus habituelle est la suivante : vous prenez sur vous, vous assumez de plus en plus de choses, augmentez votre rythme de travail ainsi que les activités diverses que vous faites en dehors de l'entreprise, car c'est dans ce milieu extraprofessionnel que vous vous ressourcez et pas dans nos fonctions.

La situation dans laquelle vous vous retrouvez peut vous conduire à l'épuisement car vous cherchez à tout mener de front et vous voulez absolument vous prouver que vous en êtes parfaitement capable. Ne sachant pas si vous devez rester dans votre entreprise ou la quitter, vous cherchez à expérimenter différentes formes de réalité en espérant vous mettre, à terme, en position de choisir. Cette situation, *a priori* intelligemment planifiée, est pourtant loin d'être idéale. Le fait de sortir de votre cocon vous donne une bulle d'oxygène et vous ouvre de nouveaux univers possibles qui seront nécessaires à votre réorientation. Pour autant, cette double activité, menée souvent de façon débridée et se rajoutant à votre activité professionnelle normale, risque parfois de vous conduire à des situations proches du burn-out.

L'œil du coach

Vous êtes à un âge ou vous avez tout à fait la possibilité de vous tromper, mais pas trop souvent…

Votre entreprise qui ne vous valorisait pas jusque-là va sentir votre forte démotivation et risque de prendre la décision de se séparer de vous. De votre côté, vous allez prendre de plus en plus en compte la différence entre ce que vous vivez dans votre entreprise, ce que vous imaginez pouvoir vivre à l'extérieur et chercherez à négocier votre départ ou acceptez la première opportunité professionnelle qui vous fait des promesses.

C'est seulement à ce moment-là que se situe le danger. Vous êtes à un âge où vous avez encore la possibilité de vous tromper, mais pas trop souvent. De plus, si vous vous sentez mal dans votre situation professionnelle, plutôt que de chercher à en partir immédiatement, il serait bon de commencer à analyser les causes de cette situation et d'essayer de ne pas la reproduire dans le futur et dans une autre société.

Histoire de Marc

Marc, ingénieur qualité et méthodes, m'avait été envoyé par sa société qui était à deux doigts de le licencier tant son attitude vis-à-vis de sa hiérarchie était déstabilisante. Cela faisait plusieurs fois qu'il avait été rappelé à l'ordre et qu'il critiquait de façon constante ses supérieurs, refusait le travail qu'on lui demandait de faire et sortait des réunions de travail de groupe qu'il était censé animer, en pleurs, incapable de trouver la moindre action positive à mettre en œuvre.

Après quelques semaines de travail ensemble, je me suis aperçue que Marc ne pouvait absolument pas faire face à toutes les obligations qu'il s'était imposées à lui-même, car il se sentait dévalorisé dans son entreprise.

Cela commençait par des examens de certification technique qui lui semblaient nécessaires pour pouvoir rebondir dans une autre société, des soirées théâtre avec sa fiancée et ses amis au minimum une fois par semaine, du sport et de la relaxation ainsi que de nombreuses visites chez le médecin, car cette situation commençait à avoir des répercussions importantes sur sa santé, son projet de mariage à plus de 48 ans ainsi que la planification de son voyage de noces. Enfin, pour ne rien oublier, ses parents âgés, gravement malades et dont il fallait gérer la situation de dépendance, étaient à l'ordre du jour.

Marc s'était placé dans une situation de stress telle qu'il était incapable de faire la part des choses et en reportait toute la responsabilité sur son employeur. Après quelques semaines de prise de recul, nous avons mis en place les priorités de son agenda. Marc a commencé par hiérarchiser ses tâches, a accepté de ne pas être parfait partout et a commencé à se donner à lui-même du temps et de l'indulgence.
Dix-huit mois après le début de notre travail, il avait réalisé tous ses objectifs personnels, retardé ses examens de certification, ne parlait plus de quitter sa société mais la considérait comme pourvoyeuse d'opportunités professionnelles à terme. Celle-ci a d'ailleurs augmenté son spectre de responsabilités.

Pour les personnes hors poste

De nombreuses personnes se retrouvent aujourd'hui hors poste alors que, quelques années plus tôt, rien n'aurait pu le laisser présager.

Nombre de mes clients font partie d'une catégorie de personnes *a priori* hautement recherchées en période de crise. Il s'agit de directeurs commerciaux ou de directeurs du développement de sociétés de taille moyenne ou grande. On peut imaginer que ce type de profil n'a aucun problème pour retrouver un poste puisque toutes les entreprises aujourd'hui cherchent à augmenter leur chiffre d'affaires. En fait, la problématique de mes clients est bien réelle. Ils sont embauchés par des sociétés sur la base d'un portefeuille qu'on leur demande d'apporter ou de méthodologies à mettre en place pour structurer et booster des départements des ventes existants. Ce que l'on omet de leur expliquer, c'est qu'ils vont passer d'un marché qu'ils ont toujours connu en forte croissance vers un marché qui est en décroissance et sur lequel les techniques de vente à mettre en œuvre et les compétences dont ils doivent faire preuve sont complètement différentes de celles sur lesquelles ils se sont appuyés jusque-là.

Il n'est pas rare qu'ils fassent des sauts de puce de deux à trois ans d'une société à une autre en doutant de plus en plus de leurs capacités et épuisant leur crédibilité auprès de leur carnet d'adresses.

Ils se posent alors la question de savoir où ils pourraient être légitimes, dans quel secteur d'activité, et ce qu'ils pourraient apporter. Ils ne veulent plus faire de la vente et se demandent quelle est leur valeur ajoutée.

J'ai ainsi eu l'occasion d'accompagner des directeurs commerciaux qui avaient jusque-là très bien réussi dans leurs fonctions.

Ils avaient travaillé sur des marchés porteurs et l'essentiel de leur activité ces dernières années avait consisté à augmenter des paniers moyens sur des clients déjà équipés de produits pour réaliser des objectifs en croissance, ce qu'ils avaient fait avec succès.

Ils se retrouvaient alors sur des marchés en retournement (pour certains, leur marché avait perdu 70 % de sa valeur en cinq ans) et on leur demandait de redresser la situation.

La solution qui s'imposait était de trouver une nouvelle niche sur ce marché en décroissance ou d'évoluer/migrer vers de nouveaux marchés. Néanmoins, dans les deux cas, ils avaient l'impression de ne plus savoir comment fonctionner et d'avoir perdu leur « boîte à outils ».

L'œil du coach

Apprenez à anticiper avant que d'autres personnes ne prennent des décisions impactant votre carrière à votre place.

Je peux également vous citer l'exemple de directeurs généraux ou d'associés fondateurs de sociétés qui se retrouvent du jour au lendemain en recherche de poste.

Ils ne s'entendaient pas forcément bien avec leur actionnaire majoritaire, mais la situation avait toujours globalement correctement fonctionné pour les parties en présence. Or, tout d'un coup, les voici licenciés sans avoir réellement compris ce qui leur arrivait. Ils n'ont rien changé à leur comportement, l'équilibre des influences est toujours le même dans l'entreprise, mais tout d'un coup la crise a durci les rapports de force et ce dont on arrivait à s'accommoder jusqu'alors devient inacceptable.

La crise cristallise les tensions et la dureté dans les rapports humains. La crise force les alliances à se réinventer, les rapports de force changent et souvent cela se passe dans votre dos, un peu sans que vous n'ayez rien vu venir. Vous vous trouvez alors très étonné car cela arrive au dernier moment et, même si vous aviez senti un malaise, il durait depuis si longtemps que vous vous y étiez habitué. Il est donc nécessaire que vous appreniez à anticiper avant que d'autres personnes ne prennent des décisions impactant votre carrière à votre place. Ce livre a pour objectif de vous aider dans cette démarche.

Les situations qui devraient vous rendre vigilant

Un malaise

La première situation arrive lorsque vous commencez à vous sentir mal à l'aise dans votre poste. Vous avez l'impression que vous n'appartenez plus à la même société que celle qui vous a recruté initialement. Même si vos évaluations sont bonnes et que votre actionnaire ou votre patron vous indique de façon répétée qu'il vous renouvelle sa confiance, vous avez l'impression que quelque chose ne fonctionne plus. Dans des situations plus critiques, vous vous apercevez que vous n'êtes plus invité aux réunions importantes, que les informations circulent dans votre dos ou que vos subordonnés ont tendance à venir prendre certaines de vos prérogatives ou vous poussent un peu dehors…

Il est alors urgent de comprendre qui est en train de vous exclure du périmètre de prise de décision. Il se peut que cela soit un de vos supérieurs hiérarchiques directs, mais il se peut que cela soit aussi le fait de quelqu'un en latéral qui cherche à vous exclure et à vous déstabiliser. Cette situation est celle bien connue du début de harcèlement et vous aurez beaucoup de mal à vous en sortir tout seul. Elle se généralise de plus en plus au sein des entreprises qui, souvent, ne souhaitent pas licencier leurs hauts salaires ou bien encore dans de plus petites structures, du fait d'une personnalité toxique qui sera en position de pouvoir. L'objectif de la personne qui mène ce jeu sera d'exclure petit à petit l'intéressé des cercles de prise de décision, jusqu'à ce qu'il décide, de lui-même et de guerre lasse, de quitter son entreprise en demandant une rupture négociée.

Mais cela n'est pas toujours aussi simple et plus un salarié se sent mis à l'écart, plus il va chercher à se prouver qu'il est capable de tenir son poste et que tout cela n'est pas perdu. Même si, au départ, il aurait volontiers et de lui-même quitté l'entreprise en question, cette forme de harcèlement produit en général l'effet inverse car il se sent attaqué dans son identité et il cherche à se justifier et à justifier son travail et son utilité. Il va du coup passer pas mal de temps à travailler plus encore, alors qu'on ne lui donne plus grand-chose à faire, à plus communiquer avec les autres et chercher à justifier tout ce temps qu'il passe au bureau. Il va entrer dans un schéma où il se dira que c'est de sa faute et que, s'il en fait plus, tout finira par s'arranger.

De fait, et de façon très paradoxale, moins son entreprise veut de lui, plus il cherchera à justifier son titre ou son activité. Le risque majeur encouru alors est celui de la dépression. Ses efforts ne seront jamais couronnés de succès et il va développer un grave problème d'estime de lui. Un jour, sans que rien ne l'explique, il finira par accepter l'arrêt maladie que son médecin traitant lui propose depuis des mois, il ne sortira plus de son lit et ne pourra plus réfléchir correctement pendant une longue période.

La situation la plus favorable est celle d'une rupture franche décidée par l'employeur, celle qui comporte le moins de risques psychologiques pour les salariés.

Un changement de hiérarchie

La seconde situation est le cas classique du changement de patron. Si vous étiez très visible et dans une situation très favorable avec le premier, il y a une grande chance que vous vous mettiez à vivre exactement l'inverse avec le second à partir du moment où celui-ci aura peu à peu absorbé votre savoir. Si, au contraire, vous étiez en froid avec le premier et sur la piste de départ, c'est le moment de vous accrocher et d'essayer, si vous avez encore un peu d'énergie en réserve, de briller et de vous repositionner.

Vous avez tous l'exemple dans votre parcours professionnel de personnes qui avaient été mises au placard par un supérieur hiérarchique direct et se retrouvent dans la position de bras droit ou d'homme de confiance du nouveau patron lorsque le précédent est muté, démissionne ou est licencié.

Néanmoins, vous vous en doutez, cet exercice ne réussit pas à tous les coups car la personne nouvellement nommée pourra souhaiter arriver avec ses propres équipes, ce qui lui évite d'avoir à gérer le problème de la confiance.

Un second écueil pourra aussi arriver et celui-là ne tient qu'à la personne elle-même. Le cadre, trop fatigué par cette période de fonctionnement pervers, pourra avoir « tenu » émotionnellement jusque-là et « craquer » au moment de l'arrivée du nouveau patron alors même que celui-ci arborait une attitude très bienveillante.

Vous êtes le « fusible »

Une variante de la situation précédente est celle de votre supérieur hiérarchique qui aura lui-même des difficultés professionnelles et qui va chercher à jouer la montre en se maintenant le plus possible dans son poste, alors qu'il prépare lui-même son atterrissage ailleurs ou cherche à augmenter ses droits à la retraite. Il va alors vous utiliser comme fusible avant d'être lui-même licencié, ce qui lui permettra de gagner quelques mois supplémentaires. Vous aurez, en sortant, un très profond sentiment d'injustice et votre deuil sera d'autant plus difficile à réaliser.

Spécial expat'

Si vous avez des fonctions importantes à l'étranger, méfiez-vous du retour d'expatriation, pas toujours bien géré par les entreprises de taille moyenne et même par certaines entreprises de grande taille... Sous-entendu : les gens du siège ne vous ont pas attendu et vous vous retrouverez souvent sans aucun poste à l'arrivée.

Enfin, si vous êtes depuis longtemps dans votre poste, vous pouvez avoir tendance à vous ennuyer et à ronronner un peu. Il faudra alors que vous redoubliez de vigilance car d'autres personnes seront aux aguets et feront montre d'opiniâtreté, de longues heures de travail et d'une formidable motivation pour vous décharger de parties de votre travail, et à terme de vos responsabilités puis de votre poste.

L'œil du coach

Ayez toujours une autre option ou un plan B en tête.

D'autres signes sont à prendre en compte, bien sûr : changement dans l'actionnariat, pertes récurrentes de votre société, changements dans la configuration du groupe.

En conclusion, la crise a durci les rapports du travail en entreprise. Mon conseil à ce stade est très simple. Soyez vigilant, vérifiez pourquoi vous souhaitez rester ou pas dans votre entreprise et ayez toujours une autre option ou un plan B en tête. Vous n'aurez pas, je l'espère, à l'actionner, mais si quelque chose d'imprévu se passe dans votre société, vous aurez au moins eu le loisir de commencer à réfléchir à ce que vous voulez faire et votre étape de deuil ou de transition en sera grandement facilitée.

2

Les choses qu'il ne faut pas faire et pourquoi...

Le réflexe le plus habituel, lorsque vous vous sentez mal dans une entreprise, consistera, pour la plupart des cadres, à faire les quatre choses dans l'ordre qui est écrit ci-après.

Remettre à jour son CV

Vous allez commencer par exhumer l'exemplaire que vous avez préparé lors de votre dernière embauche et vous allez passer pas mal de temps à compléter cette dernière expérience. C'est-à-dire que, soir après soir, vous allez vous installer à votre table de travail et faire la liste des différentes responsabilités que vous avez exercées ou des différentes tâches que vous avez réalisées. Dans le meilleur des cas, vous prendrez le soin d'analyser les missions qui vous ont été confiées et les résultats auxquels vous serez parvenu. Cette démarche a quelque chose de très rassurant car elle vous donnera l'impression de faire quelque chose plutôt que de subir une situation. Vous serez dans l'action et cela enlèvera une partie de l'angoisse que vous ressentez. Vous ne savez pas très bien quel titre vous allez indiquer sur le haut du CV mais vous essayez de lister le maximum de choses ou d'expériences que vous avez faites. Vous allez vous présenter avec une étiquette de « couteau suisse » en vous disant que votre interlocuteur sera à même de faire le tri et de choisir ce qui, dans votre expérience, va pouvoir l'intéresser, vous allez donc indiquer le plus d'expériences et de réalisations possibles.

L'œil du coach

Ne vous présentez surtout pas avec une étiquette de « couteau suisse » en vous disant que votre interlocuteur sera à même de faire le tri et de choisir ce qui, dans votre expérience, va pouvoir l'intéresser !

Faire appel à son réseau

La deuxième démarche va consister à appeler vos amis et connaissances et leur dire que vous êtes à la recherche d'un nouveau poste et vous allez leur laisser votre CV pour qu'ils puissent le transmettre à leur entourage ou leur entreprise. Cette approche qui a pu fonctionner un certain temps est, hélas, beaucoup plus aléatoire aujourd'hui. En effet, les cadres de direction générale sont aujourd'hui assaillis d'offres de services dont ils ne savent d'ailleurs pas bien quoi faire. De plus, sauf exception notable, vous ne savez pas et vous ne contrôlez pas le message qui sera donné lors de la remise de votre CV. Vous ne savez d'ailleurs pas s'il y en aura une, ce qui minimisera d'autant plus vos chances d'obtenir un entretien. Enfin, vos amis vont avoir tendance à transmettre votre document à la direction des ressources humaines en leur demandant s'ils n'ont pas un poste en recrutement qui correspondrait à votre profil. À votre niveau de séniorité hélas, ce n'est que rarement le DRH qui recrute, c'est le directeur général ou le président lui-même, le DRH ayant plutôt un pouvoir de validation. De plus, les top executives d'une société sont souvent en poste jusqu'au dernier moment, c'est-à-dire que rares sont les personnes dans la société qui savent que ces postes sont à pourvoir. On ne l'apprend en général que lorsqu'ils sont remplacés ou lorsque le processus de recrutement est déjà bien engagé, ce qui est souvent trop tard.

Faire appel à un « chasseur de têtes »

La troisième démarche enfin consistera à envoyer le CV que vous avez préparé muni d'une lettre d'accompagnement sous forme de mailing aux cabinets d'*Executive Search*[1] en espérant faire partie de leur base de données. Dans le meilleur des cas, vous les avez fait travailler par le passé et vous avez développé des liens de proximité avec eux. Et, dans ce cas, vous arriverez à décrocher le Graal, c'est-à-dire un rendez-vous pendant lequel vous leur expliquerez ce que vous cherchez et solliciterez leur conseil. Cette démarche peut fonctionner, mais n'oubliez pas qu'un recruteur, même s'il vous reçoit, ne peut vous proposer un poste que s'il en a lui-même un en portefeuille. D'autre part, leur marché se tend tous les jours plus, les sociétés recrutent souvent en direct *via* LinkedIn, par le réseau, etc. Elles font aujourd'hui appel à des cabinets lorsque le poste est stratégique, avec une définition compliquée, qui fait qu'elles recherchent le « mouton à cinq pattes ». Dans ce cas-là, elles s'adresseront à un cabinet, avec un profil de poste très spécifique, pour que celui-ci leur garantisse que le candidat remplira bien tous les critères. La période de garantie s'étendra d'ailleurs souvent jusqu'à un an. Dans ce contexte, vous comprendrez facilement qu'un cabinet, même si vous avez noué les meilleurs rapports avec lui, ne prendra pas de risque et respectera en tout point la charte de recherche établie par son client. Il aurait trop à perdre s'il y dérogeait. Vous l'aurez compris, l'approche du mailing aux cabinets d'*executive search* n'aura qu'une efficacité relativement restreinte ; elle est en général limitée à 10 à 15 % de réussite au maximum.

1. Un cabinet d'*Executive Search* (familièrement appelé cabinet de chasseurs de têtes) fournit un service de recrutement spécialisé pour la recherche de cadres et de dirigeants d'entreprises. Il agit en général par approche directe.

Répondre aux annonces

Enfin, je ne l'ai pas encore cité mais cela va de soi, vous mettrez votre CV sur Cadremploi ou sur l'APEC et commencerez la longue et fastidieuse réponse aux annonces.

Tout d'abord, vous n'en trouverez pas beaucoup qui vous conviennent, puis le temps commençant à faire son effet… panique oblige… vous commencerez à répondre à des annonces dans un spectre de plus en plus élargi par rapport à ce que vous ciblez. Vous adapterez votre CV et votre lettre de motivation au plus proche de ce que la société recherche et vous vous attendrez à un certain nombre de réponses par semaine en espérant jouer sur l'effet de nombre.

Au fil du temps, vous allez faire deux constats : les contacts que vous avez eus vous rencontreront une première fois puis auront tendance à vous éviter car ils ne seront pas en mesure de vous proposer un nouveau job : ce qui est précisément ce que vous leur avez demandé… Vous aurez des réponses négatives ou des réponses standards de la part des cabinets ou des sociétés et vous vivrez cela comme autant d'échecs personnels. Vous aurez alors l'impression de vous enfoncer dans une situation sans issue et la dépression sera à la fenêtre. Enfin, pour peu que la société pour laquelle vous travaillez sente votre absence, votre malaise ou votre peu d'implication, elle pourra décider de se passer de vos services et vous arriverez à une rupture à l'amiable, ou pas. Hors de votre entreprise, vous vous trouverez encore plus démuni. Si c'est le chemin que vous empruntez, il sera probablement à la fois long et difficile.

La conclusion que vous en avez tirée est pourtant totalement erronée. Vous avez juste manqué de méthode dans la façon de vous y prendre et avez peut-être confondu vitesse et précipitation. Vous n'êtes pas inadapté par rapport à une entreprise ou par rapport au marché du travail. Vous n'avez simplement pas pris le temps de réfléchir à quelle était la situation dans laquelle votre valeur ajoutée ferait réellement la différence et à quel type de cible d'entreprise ou de fonctions vous étiez le plus à même de vous adresser.

J'ai l'ambition de vous faire découvrir cela avec ce livre. Il ne vous proposera pas de recette miracle pour trouver un emploi. En revanche, il cherchera à minimiser le nombre de maladresses que vous pourriez mettre en œuvre afin de vous permettre de mettre le maximum de chances de votre côté ; ce qui, étant donné le contexte économique actuel, ne sera déjà pas si mal.

L'œil du coach

Tant que vous ne savez pas *a minima* dans quelle direction vous comptez aller, n'envoyez pas votre CV et n'activez pas votre réseau. Ce sont les démarches les plus dommageables que vous puissiez entreprendre.
Installez-vous tranquillement à une table de travail et commencez par vous poser les bonnes questions.

3

Réfléchissez à votre avenir… quelle que soit votre situation

Partez sur une réussite plutôt que sur un échec

À moins que vous n'ayez laissé se détériorer une situation jusqu'à un point de non-retour, il sera toujours beaucoup plus facile de faire vos preuves dans un environnement que vous maîtrisez plutôt qu'à l'extérieur.

Cela pour plusieurs raisons.

- Dans l'environnement qui vous est connu, vous maîtrisez les jeux politiques en présence, vous allez aussi parfois avoir de bonnes surprises : telle personne qui vous bloquait en termes d'ascension hiérarchique va peut-être être amenée à quitter l'entreprise. De plus, au fur et à mesure des années, vous allez acquérir une réelle expertise dans votre domaine et pourrez alors être dans une position de mentor ou de vieux sage que l'on consulte. Cette position pourra être la conséquence de votre expertise technique mais aussi venir du fait que vous pourriez devenir la mémoire de la société au bout d'un certain temps.
- Si vous regardez bien autour de vous, il y a toujours des gens dans une entreprise pour lesquels, en arrivant, vous vous demandez pourquoi ils sont si bien payés ou à ce type de poste alors qu'ils paraissent avoir des compétences techniques très peu importantes. Vous les regardez du haut de votre diplôme et de votre enthousiasme. Et vous n'avez qu'une idée, c'est de les by-passer… Méfiez-vous au contraire beaucoup d'eux, faites-en vos alliés et surtout ne vous les mettez pas à dos. Ce sont des personnes qui ont probablement de puissants réseaux et qui en général vous survivront dans la société pour des raisons très

évidentes : elles n'ont que très peu d'autres possibilités pour obtenir le même type de poste à l'extérieur, contrairement à vous et vont donc absolument tout faire pour rester en poste, probablement y compris vous saborder.

L'œil du coach

Il sera toujours beaucoup plus facile de faire vos preuves dans un environnement que vous maîtrisez plutôt qu'à l'extérieur.

Cette erreur d'appréciation est souvent faite par des cadres diplômés de moins de 45 ans. Ils font le pari que leur passage dans l'entreprise est une parenthèse pendant laquelle ils vont avoir la possibilité d'apprendre. Cette approche a probablement été opportuniste et intelligente pendant des années de forte croissance, où une expérience dans différents secteurs ou dans différentes fonctions était à valoriser. Aujourd'hui, et depuis 2008 ou 2009 pour être tout à fait exact, les choses sont beaucoup plus compliquées. Les entreprises ont tendance à rechercher des gens qui seront rapidement opérationnels dans des postes donnés. Il semble que, à l'exception des grands groupes, elles ne prennent plus le temps de les former pour les faire évoluer. C'est donc au salarié qu'incombe de plus en plus cette tâche, qui va consister à prendre son avenir en main et à définir lui-même ses plans de carrière.

Ce pilotage est d'autant plus important aujourd'hui que, une fois votre carrière lancée sur des rails, il vous sera en général difficile de la réorienter.

Histoire de Jérôme

Un de mes clients vient me voir car il se sent en situation d'échec dans sa société. Il fait l'objet d'un audit externe, qui ne se passe pas forcément de façon favorable pour lui, il est soumis à un plafond de verre qu'il n'arrive pas à briser. Il a plusieurs autres cordes à son arc que ce qu'il fait aujourd'hui et se désespère de ne pas

pouvoir en profiter dans son poste actuel. Il n'a absolument plus confiance en lui, pense qu'il devrait partir mais ne sait pas pour où. Il est au bord du burn-out et se dévalorise complètement.
Nous avons travaillé sur son positionnement sur une durée d'un an. La première étape a consisté, par la méthode des réussites expliquée à la partie 3, à lui faire reprendre confiance en lui montrant la richesse de son parcours et de ses centres d'intérêt.
Une fois ces bases posées, il a été en mesure de parler à son entreprise pour défendre son cas et être en mesure de prouver ce qu'il avait fait et pour quelles raisons le rapport d'audit devait lui être beaucoup plus favorable que ce qui était en cours d'écriture. De façon politique, il a réussi à augmenter le positionnement de son poste et même à faire accepter l'embauche d'un adjoint pour le seconder.
Il fait part de ses motifs d'insatisfaction à sa société mais joue le jeu de former son adjoint, prenant même le risque de fragiliser sa position en faisant cela.
Aujourd'hui, il a obtenu le poste de ses rêves, qui lui permet de prendre l'ampleur professionnelle qu'il a toujours voulu avoir et d'utiliser l'intégralité de ses compétences.
Il est parti sur un succès, ce qui lui a permis de se vendre de façon d'autant plus construite et efficace à son nouvel employeur. Son employeur précédent le remercie de la façon dont cette transition s'est passée et n'hésitera pas à le recommander à l'avenir.

Pour revenir à notre sujet initial, nous sommes donc aujourd'hui dans une situation où il vous faudra planifier, même si la recherche de travail se fait de plus en plus par réseau et recherche d'opportunité. L'exercice que je vous propose de faire dans ce livre consistera toujours à faire un point d'étape personnel pour vérifier que vous êtes en phase avec vos objectifs au moment où vous vous déciderez à quitter votre entreprise. Enfin, si vous voulez changer d'orientation dans votre vie professionnelle, il vous sera beaucoup plus facile de la préparer à l'intérieur même de votre entreprise et de prendre tout le temps nécessaire pour préparer votre sortie vers l'extérieur. Les conditions de sortie et de prise de poste sont très différentes en termes de poste retrouvé selon que vous partez en mode panique ou que vous planifiez votre sortie.

Si vous avez quelque chose en tête ou quelque chose que vous souhaitez essayer, il sera toujours plus facile de le faire en interne. Même si cela ne fait pas partie de votre poste ou de votre spectre de responsabilités, il vous suffira de le demander ou même de l'essayer sans que l'on vous en ait donné l'autorisation. En effet, même si de nombreuses personnes sont réticentes à cette idée, il se peut qu'au bout d'un certain temps elles finissent par y trouver un intérêt et qu'elles considèrent votre apport comme quelque chose de bénéfique. Il faudra néanmoins pour cela que vous ayez juste vérifié que leur image n'a pas été bafouée lors de cette mise en place.

Enfin, si personne n'apprécie votre initiative, il vous sera néanmoins toujours possible de la revendre à l'extérieur car il s'agira de quelque chose que vous aurez déjà fait et que vous pourrez revendre.

Il est donc nécessaire de transformer une situation d'échec en quelque chose qui vous permettra de rebondir.

Souvent, les situations sont assez aisées à diagnostiquer : vous êtes à fond dans votre travail et perdez la vision de l'entreprise, de sa stratégie et de votre place dans ce microcosme. Il vous suffit souvent de prendre du recul et de commencer à réfléchir pour vous plutôt que pour l'entreprise. Cette prise de recul vous permettra de retrouver une belle énergie car vous aurez changé de focus et vous saurez parfois rester dans cet environnement. Le focus et la passion sont deux éléments qui vous permettront de travailler dans des conditions favorables. Ce sont, selon le vieil adage populaire, les raisons qui font que vous avez envie de vous lever le matin avant d'aller travailler.

Ces choses sont éminemment personnelles et il n'est donc pas possible d'en tirer des généralités. Il convient donc, quelle que soit la situation et quelle que soit votre séniorité dans l'entreprise, de commencer une démarche d'analyse personnelle.

Vous seul êtes responsable de votre carrière !

Si vous décidez de rester dans une entreprise, c'est parce que vous l'aurez choisi et pour une très bonne raison qui sera la vôtre. Si vous sortez de votre entreprise, que cela soit de votre fait ou de celui de votre employeur, il faut absolument que cela vous convienne, que vous ayez un projet et que vous sachiez dans quoi vous allez rebondir. En aucun cas il ne faut que cela soit subi, sinon vous allez au-devant de grandes difficultés, tout d'abord en ce qui concerne la période de deuil que vous devrez faire quand vous êtes hors poste, alors qu'elle devrait être faite pendant que vous êtes dans l'entreprise, ensuite parce que, lorsque vous vous retrouverez seul, vous serez encore plus désorienté si vous ne savez pas comment occuper ni commencer vos journées. Le peu d'idées et de solutions que vous aurez partira en fumée face à la petite déprime qui vous guette lorsque vous vous retrouverez seul face aux démarches qui vous paraîtront insurmontables. Aussi improbable que cela puisse vous apparaître : c'est vous qui devez actionner la décision de rester ou la décision de partir.

Histoire de Fabrice

Fabrice vient me voir alors que son licenciement a été prononcé, le protocole d'accord et le chèque signés, le tout chez des avocats. À plus de 45 ans, il ne sait pas réellement de quelle façon orienter sa carrière. Retourner dans le domaine de son début de carrière ou continuer dans la voie qu'il a choisie depuis maintenant sept ans ?

Nous décidons une action sur un mois et demi pour que, pendant sa période de préavis, il puisse décider de la direction à prendre tout en continuant à travailler.

Je lui donne des exercices à faire pour l'aider à choisir entre ces deux mondes, celui qui lui convient le mieux. Pour commencer, je lui recommande fortement de prendre du recul par rapport à sa situation dans l'entreprise qu'il vient de quitter et de commencer à réfléchir sur lui-même.

À la fin d'une période de vacances, nous nous revoyons pour identifier le début de sa prise de décision et travailler le discours à tenir auprès de son employeur pour que la période de préavis se passe du mieux possible. Cet entretien s'est tellement bien passé et les explications données ont été suffisamment franches pour que Fabrice, qui voulait rester dans ce secteur, se retrouve réembauché par l'entreprise qui venait de le licencier.

Je ne sais pas s'il continuera sa carrière à long terme dans cette société et si la relation qui a été rétablie est suffisamment en confiance pour que cela puisse constituer de nouvelles bases. Ce dont je suis sûre, c'est qu'il a su déterminer ce qu'il voulait et mettre en place une stratégie cohérente pour lui permettre que cela arrive alors que toutes les conditions semblaient être contre lui.

En fait, c'est Fabrice qui a pallié ce manque de communication et qui a restauré le dialogue dans des conditions où beaucoup d'autres auraient considéré cela comme perdu.

Toutes les situations ne se résolvent pas de la façon évoquée préalablement. Il faut parfois prendre l'initiative de la rupture, en ayant mis un maximum d'atouts dans son jeu.

Il est alors nécessaire d'aller faire une première consultation auprès d'un avocat de droit social. Celui-ci vous permettra de déterminer si votre situation est réelle ou n'est que le fait d'un ressenti ; quels sont les éléments de droit sur lesquels vous pouvez vous appuyer sans vous laisser trop influencer.

Cette première réunion est en général gratuite et, si elle était payante, elle serait de toute façon un investissement bien placé en comparaison de ce qu'elle peut vous apporter ou des ennuis qu'elle vous permettra d'éviter.

L'avis de l'expert

« Quand faire appel à un avocat de droit social… et que lui demander ? »

Valérie Blandeau, associée gérant du cabinet Wragge Lawrence Graham & Co

Dans ma pratique, je m'aperçois souvent qu'une sortie qui se passe mal est une sortie mal préparée du côté du salarié… En cas de difficultés, c'est à lui qu'elle sera dommageable. Il n'arrivera pas à tourner la page et il aura à souffrir du problème des recommandations. Il est donc essentiel que cette transition se passe bien. C'est pour cela qu'il faut la préparer scrupuleusement en amont.

Mireille Garolla : Quand on est en poste, quand et dans quelles conditions faut-il penser faire appel à un avocat ?

› *Valérie Blandeau :* Ni trop tôt ni trop tard. Lorsque nous intervenons trop en amont, le risque sera de créer un contentieux qui n'aurait pas lieu d'être. Si l'on fait appel à un avocat trop tard, celui-ci aura du mal à dépassionner un débat qui, par définition, est délicat à mener.

MG : Y a-t-il un temps pendant lequel l'avocat doit travailler en sous-marin ?

› *VB :* L'avocat en sous-marin permet d'avoir les clés nécessaires pour avoir une discussion sereine. Il évoque ce à quoi le salarié a droit, ce à quoi il peut prétendre compte tenu de son statut, de son âge, de son ancienneté et les conditions pour y arriver (les conseils prud'homaux ou la négociation). Il fournit les clés au salarié afin qu'il soit apte à discuter. Ensuite, il peut être utile de le faire apparaître au grand jour. Toutes les discussions entre avocats sont confidentielles par essence et par règle déontologique. Les avocats abordent donc la situation de manière plus ouverte sans que cela se retourne contre leur client.

MG : Je comprends qu'il faut un ou plusieurs entretiens exploratoires. En coaching, on parlerait de définir le cadre. Le but pour le salarié est de comprendre quelle est son aire de jeu légalement. Et cela peut lui permettre de faire face à l'intimidation et de pallier ses méconnaissances juridiques. Ensuite, c'est le salarié qui ressent quand il ne peut plus faire face… Comment le salarié peut-il faire fi de l'émotionnel pour essayer d'obtenir une bonne négociation ? Car ce côté émotionnel est très souvent utilisé par l'employeur.

› *VB :* C'est très compliqué. Et c'est plus votre travail que le mien, peut-être ! Cela m'arrive de mettre mes clients face au travail de deuil. Les questions que je pose sont : « Est-ce qu'on est bien sûr qu'on est arrivé au point de non-retour ? Voulez-vous vraiment partir ? » En fait, ce côté émotionnel doit être purgé. Mais il est nécessaire. On ne peut pas en faire l'économie, à moins d'être devant quelqu'un de très détaché de sa vie professionnelle.

MG : J'entends donc que la perte de contrôle est une phase normale qui passe par la suite. Puis les entretiens exploratoires aident à redéfinir le cadre et à dépassionner le débat entre l'entreprise et le salarié qui n'est pas certain de la position dans laquelle il veut se placer.

› *VB :* Oui. Aussi, le salarié a-t-il les informations concernant les montants soumis à impôt ou non ou l'évolution des lois ? Sait-il si, dans son cas, il vaut mieux une transaction ou aller devant les prud'hommes ? Nous pensons généralement qu'il vaut mieux une mauvaise transaction qu'un bon procès. La transaction met fin au malaise émotionnel. Tant que l'audience n'est pas terminée, le salarié ne peut se projeter. La transaction permet de clôturer les choses.

MG : En tant que coach, je m'aperçois que plus le départ de quelqu'un est imminent, moins il accepte de regarder la réalité en face. Il y a une forme de déni. Comment aider ces personnes à gérer cette difficile situation ? Et comment les alerter ?

› *VB :* On se trouve dans le syndrome « Calimero ». Il faut passer la phase où on pense que c'est injuste pour se retrouver dans la position de celui qui initie les démarches pour sortir. Nous cherchons à dépasser ce syndrome à l'aide de discussions concrètes. Il faut passer à des choses factuelles, comme l'argent. Les choses factuelles permettent de discuter rationnellement du processus qui se déroule. « Vous allez recevoir la lettre de licenciement. Cela fait partie du processus. Ne vous attardez pas. Regardez plutôt vos droits… »

MG : Dans le cas habituel d'un cadre ou d'un dirigeant qui commence à se sentir mal dans son poste, quel est le conseil que vous lui donneriez en premier ? Prendre le lead sur la discussion ou attendre et faire un état des lieux sur ce qui se passe ?

› *VB :* On leur demande de faire une liste de tout ce qui se passe pour connaître la situation du travail. Cela permet d'identifier le harcèlement, la mise au placard ou le fait que la personne ne va pas bien et interprète.

MG : Avez-vous des exemples de réussite notables avec des salariés ?

› *VB :* Je pense à un salarié que j'ai accompagné sur deux ruptures. Il a intégré tout de suite les procédures, les droits et le coût. Il a réussi, sans que j'apparaisse, à obtenir ce qu'il voulait assez vite. Il fait aujourd'hui autre chose et il est heureux.

› Un autre exemple. Un cas récent d'une personne qui était dans le déni. Il a fallu quatre ou cinq rendez-vous pour dépasser l'immobilisme. Elle avait eu un avertissement et je me suis dit qu'il fallait avancer. On a contesté l'avertissement de manière contentieuse, ce qui nous a permis de signer en trois semaines. Il faut comprendre que la notion du temps du salarié et de l'employeur n'est pas la même.

MG : Connaissez-vous un échec dû au grain de sable auquel personne n'a pensé ? Pouvez-vous à nous donner deux exemples d'échecs et pourquoi cela n'a pas abouti ?

› *VB :* Dans la procédure, je représentais l'employeur. J'ai pris le dossier en cours de route. Tout était bouclé et, tout un coup, on a entendu : « Qu'est-ce qu'on fait de mes stock-options ? » Et là, il y eu une vraie remise en cause de tout l'équilibre. L'étape de renégociation a duré quatre mois. Je pense à un autre cas d'échec dû, cette fois, au double statut de mandataire et de salarié. La personne avait un mandat social apparent alors que la procédure était devant le conseil des prud'hommes. Cela a duré quatre ans et demi. Le salarié est parti sans rien puisque le tribunal saisi n'était pas le bon.

MG : Que peut-on attendre de son avocat ? Qu'est-ce qui ne fait pas partie de son rôle ?

› *VB :* Le vôtre, en fait, ne fait pas partie de son rôle ! On n'est pas du tout formé sur de l'accompagnement et le coaching. Il faut rester dans un cadre très juridique. Et éviter de rentrer dans l'humain. Je donne les outils techniques et des avis juridiques mais pas psychologiques ou financiers. Je pense qu'un avocat doit rester dans ce cadre.

MG : Quel est le degré de transparence ou « d'intimité » entre l'avocat et son client pour une transaction réussie ? Est-ce neutre dans la négociation ?

› *VB :* Non, ce n'est pas neutre. C'est tout à fait primordial. C'est de la transparence et non de l'intimité. On ne peut se préparer de manière optimale qu'avec des bonnes informations et des bonnes clés. Quand des choses inconnues arrivent à l'audience, c'est compliqué pour nous. On n'a pas les clés pour réagir. Tous les points doivent être abordés, même ceux que le salarié peut considérer comme étant une faute de sa part.

MG : Quelle est la part du facteur chance ? Quand conseillez-vous d'aller aux prud'hommes ? Est-ce une stratégie risquée ? Y a-t-il des tendances dans les arrêts rendus par les prud'hommes ?

› *VB :* La part du facteur chance, je ne la connais pas mais elle existe car les conseillers prud'homaux sont des individus qui jugent et peuvent interpréter. Est-ce qu'on doit aller jusqu'aux prud'hommes ? Parfois, on doit le faire quand il faut purger une situation, quand les montants sont importants, quand la discussion est impossible et qu'il est nécessaire de faire jurisprudence. Je ne vais pas trahir un secret en disant que les décisions sont en général en faveur du salarié.

Partie 2

Se connaître avant de se présenter sur le marché du travail

Dans la continuité des erreurs à ne pas commettre, il y a un travers qui est très fréquent dans cette période de la vie. Il consiste à se laisser porter par la force de l'habitude. C'est un peu ce que font toutes les personnes qui font un bilan de compétences, qu'ils considèrent à la fin comme inutile.

C'est-à-dire qu'ils commencent par lister les fonctions qu'ils ont occupées et les tâches qu'ils savent faire. Ils extrapolent ensuite à la marge la direction professionnelle qu'ils pourraient emprunter.

Il est assez facile d'imaginer la conclusion d'une telle démarche : si la situation précédente ne vous convenait pas, il y a assez peu de chances que votre nouvelle orientation vous convienne mieux. En effet, votre nouvel emploi ressemblera à un copier-coller du précédent et vous risquez assez rapidement de vous retrouver dans la même situation inconfortable.

Je vous propose de procéder ici un peu différemment.

1

Pour quoi voulez-vous changer ?

Vous vous sentez mal aujourd'hui dans votre poste ou bien vous vous êtes senti mal dans votre précédent poste.

Faut-il que vous changiez d'environnement, que vous changiez d'entreprise ou que vous changiez complètement de type de travail ?

Ne vous trompez pas de type de questions, elles sont d'une importance capitale.

L'œil du coach

Quel que soit le diagnostic sur l'ampleur du changement, il est préférable de le faire lorsque vous êtes en poste, mais il n'est jamais trop tard, même si vous êtes hors poste. Cela vous permettra de savoir d'où vient le malaise que vous ressentez et d'éviter que vous ne refassiez la même erreur par la suite.

Un individu « normal » passe les vingt ou vingt-cinq premières années de son parcours professionnel selon la construction qu'il a mise en place pendant son adolescence.

La seconde partie de sa vie professionnelle va de la même façon s'ancrer sur l'analyse qu'il fait de son savoir-faire et de son savoir être en milieu de carrière. Cette étape de reconstruction est essentielle. Il faut donc se poser les bonnes questions et prendre le temps de le faire correctement.

Pendant la première partie de notre vie, mis à part quelques exceptions notables, nous sommes tous profondément influencés par le milieu dans lequel nous évoluons et par les ambitions de nos parents. Vers la quarantaine arrive le moment de faire le point. Nous nous sommes enrichis de vingt années d'expérience hors de ce cadre et il convient de se poser les questions suivantes :

- L'orientation prise a-t-elle été conforme à vos attentes ?
- Qu'est-ce qui vous a empêché de faire ce que vous souhaitiez ?
- Quel était votre état d'esprit pendant ces dernières années ?
- Que s'est-il passé dans votre ancien poste ?

En fait, même lorsque vous avez été licencié, il s'avère souvent que, quelque part, cette décision vous convenait parce que la situation au travail devenait intenable. N'avez-vous pas eu plusieurs fois dans votre carrière ce même type de sensation, de sentiment ou de situation ? Votre réaction a-t-elle été adaptée ?

Tout cela nous amène souvent à réaliser que la situation dans laquelle nous nous trouvons, que nous soyons à l'intérieur ou à l'extérieur de l'entreprise, n'est pas due seulement à des circonstances externes du type :

- rachat de l'entreprise ;
- changement de notre patron ;
- arrivée d'un pair qui veut votre place, etc.

Bien sûr les accidents d'entreprises arrivent tous les jours, mais ce qui est important est la façon dont vous y répondez et dont vous vous adaptez. En effet, quand ces accidents surviennent, certaines personnes se résignent à plus ou moins court terme à sortir de l'entreprise alors que d'autres y verront une opportunité de progresser dans cette même entreprise et d'obtenir une meilleure position, plus de responsabilité et un salaire supérieur.

Ce que je veux faire aujourd'hui, c'est vous donner les outils pour que, dans le futur, vous apparteniez à la seconde catégorie, celle qui se réinvente.

Pour cela, il n'y a qu'une solution : vous analyser en profondeur et sans faux-semblant. Il s'agit de :

- connaître vos points forts et de vous appuyer dessus ;

- connaître vos points faibles, de savoir les détecter et de mettre au point des stratégies de contournement.

Cette démarche à laquelle je vous invite tout au long de cette partie va se faire sur deux plans, votre environnement et votre savoir-faire théorique, mais également votre savoir-être et la conscience que vous avez de votre propre fonctionnement.

2

Recherchez les influences qui vous structurent

La première étape consiste tout d'abord à analyser votre environnement familial. Celui-ci est tellement évident pour vous que vous n'y pensez probablement jamais. Cet environnement va cependant être un facteur très différenciant sur la façon dont vous envisagez la vie et les problématiques qui vous sont présentées et il va agir comme un premier prisme ou un facteur de différenciation sur lequel vous pouvez vous appuyer. Il vous suffit tout simplement vous poser la question et de l'analyser en le posant sur papier.

Exercice numéro 1 : votre environnement familial

Je vous invite à prendre votre cahier de travail et à recenser le nom, l'âge, le diplôme et la profession des différents membres de votre famille proche : vous, votre père, votre mère, vos frères et sœurs et vos enfants...

Père :
Âge :
Diplôme :
Profession :

Mère :
Âge :
Diplôme :
Profession :

Conjoint :
Âge :
Diplôme :
Profession

Questions

Quels éléments marquants se dégagent de votre environnement familial, dont vous devriez prendre conscience ? Avez-vous construit votre carrière dans la continuation ou en complète indépendance par rapport à ce schéma familial ? Quelle que soit la réponse donnée, avez-vous l'impression d'être en phase avec les choix de vie que vous avez faits ou d'être en décalage ? Que vous apporte votre environnement familial dans une possible réorientation ?

Avez-vous l'impression d'avoir manqué quelque chose que vous voudriez maintenant réaliser ?

En conclusion

Vous situez-vous dans une lignée familiale et y êtes-vous à l'aise ou, au contraire, avez-vous eu l'impression de vous conformer à ce qu'il était attendu de vous sans véritablement vous poser la question de ce que vous auriez réellement voulu faire ?

Si ce n'est pas une voie que vous avez vous-même choisie et dans laquelle vous vous sentez aujourd'hui mal à l'aise, il faudra rapidement vous poser la question de combien de temps vous allez l'exercer et quels aménagements vous allez devoir trouver pour pouvoir continuer à l'exercer.

Exercice numéro 2 : vos diplômes

Je vous invite maintenant à noter sur votre carnet toutes les formations que vous avez effectuées depuis votre sortie de l'école. Votre formation initiale, vos formations diplômantes complémentaires, le type de formation continue auxquelles vous avez participé et si elles ont été importantes pour vous.

Questions

De combien, de quels types de diplômes disposez-vous ? Est-ce que ce besoin d'apprendre a été constant tout au long de votre vie ou cherchez-vous en milieu de parcours à combler quelque chose que vous n'avez tout d'abord pas réussi à réaliser ? Avez-vous utilisé ces diplômes complémentaires dans votre vie professionnelle ? Aimeriez-vous le faire dans le futur ?

En conclusion

Les choix que vous avez faits dans vos études ont-ils été couronnés de succès dans votre vie professionnelle ? Cela a-t-il été conforme à vos attentes ? Qu'en attendiez-vous ? Qu'avez-vous réussi ? Quelles sont vos déceptions ? Avez-vous utilisé les formations que vous aviez effectuées ? Est-ce le moment d'envisager une nouvelle formation ? Que vous apportera-t-elle ?

Exercice numéro 3 : votre parcours professionnel

Je vous invite enfin à lister votre déroulé de carrière, en partant du poste le plus ancien au plus récent, en reprenant à chaque fois les indications suivantes : date du poste, entreprise, fonction exercée, effectif encadré, responsabilités et dernier salaire.

Questions

Quel a été votre profil professionnel ? Combien de temps avez-vous passé dans chaque poste en moyenne ?

Avez-vous progressé dans la même société parce qu'elle vous a offert des opportunités de poste intéressantes ? Êtes-vous resté dans la même société sans aucune progression ces dernières années ?

Avez-vous progressé par des prises de risque importantes en changeant de société ?

Vos départs d'entreprise ont-ils été subis ou voulus ? Y a-t-il des schémas que l'on retrouve ? Y a-t-il des environnements qui vous sont favorables et d'autres qui vous sont défavorables ?

En conclusion

Quels sont les facteurs que vous ne voulez surtout pas répéter dans votre environnement professionnel futur ? Quelles « actions point » en tirez-vous ? Y a-t-il des choses sur lesquelles vous devriez commencer à vous exercer dès maintenant pour ne pas les répéter dans le futur ?

Histoire de Maurice

Je cite cette histoire, même si elle ne correspond pas exactement à la classe d'âge que j'aborde dans ce livre car elle est emblématique du mal-être de notre société. Maurice a plus de 25 ans, il est très perplexe car il a commencé plusieurs choses dans sa vie et a toujours éprouvé le sentiment de ne pas être à sa place et que ce qu'il faisait ne lui convenait pas. Il me rencontre car après avoir étudié la musique, commencé puis arrêté des études d'ingénieur, terminé une école de commerce dans laquelle il s'est profondément ennuyé, il vient de déposer un dossier en médecine et envisage de commencer dix ans d'études dans ce domaine. Avant de faire un choix aussi engageant, il se décide à solliciter mon conseil.

L'histoire des influences familiales se révèle rapidement importante. De sa mère artiste lui vient son goût pour la musique, qu'il a commencé à un niveau honorable en faisant partie d'un groupe qui se produit et enregistre des disques. Son père médecin lui sert d'exemple et de référent, ce qui explique sa volonté de réorientation. Comme il n'était pas mauvais en maths, son école l'a poussé vers des études d'ingénieur et comme il a arrêté en milieu d'année parce que cela ne lui convenait pas du tout, il a choisi une école de commerce afin de se laisser toutes les options de choix futurs ouvertes.

Néanmoins, aucune de ces formations et aucune de ces influences ne convenait à son savoir-être et il s'est réorienté vers quelque chose qui n'avait rien à voir avec tout cela. En effet, il s'est rapidement avéré que Maurice était un commercial hors pair, ce dont il a rapidement fait son métier avec succès.

3

Déterminez votre savoir-être...

En général, nous avons une relativement bonne connaissance de la façon dont nous fonctionnons mais, dans la majorité des cas, nous utilisons cette connaissance après un problème pour expliquer *a posteriori* ce qui s'est passé au lieu de nous servir de cette connaissance comme d'un atout pour choisir et maîtriser notre environnement.

La différence entre la première démarche (subie) et la seconde (proactive), tient essentiellement à deux choses :

- le fait de poser sa méthode de fonctionnement sur papier, pour en avoir bien conscience ;
- et surtout de l'accepter et de s'en servir, sans aucun jugement, plutôt que d'essayer de se changer.

Une façon rapide peut consister à passer des tests de comportement.

Il ne s'agit absolument pas de tests d'évaluation, il n'y a pas de bonnes ou de mauvaises réponses. Le but est de mieux vous connaître et de savoir quelles sont les qualités sur lesquelles vous allez pouvoir vous appuyer.

Ces tests, et il en fleurit tous les jours de nouveaux, auront pour ambition de définir quelles sont vos capacités de fonctionnement en mode normal, sous stress, comment vous êtes perçu par les autres, dans quel type d'environnement vous fonctionnez le mieux, ce que vous apportez à une organisation, votre style d'apprentissage, etc.

L'œil du coach

Si vous n'avez jamais fait de tests psychotechniques, je vous engage vivement à en passer. Choisissez le format qui vous semblera le plus approprié. Certains sont effectivement très bon marché, d'autres peuvent être proposés par des associations de repositionnement... mais ne passez en aucun cas à côté.

Le but sera de vous montrer les éléments sur lesquels vous pouvez vous appuyer et ceux qui vous manquent, et que donc vous ne pourrez pas mettre en avant.

Voici ceux que j'utilise de façon régulière dans mon cabinet.

Le MBTI (Myers Briggs Type Indicator)

Ce questionnaire, basé sur la théorie psychanalytique de Jung, identifie les différences qui existent entre les personnes. Cette théorie indique que ces différences sont le fait de tendances innées ou spontanées et qu'elles amènent la création de schémas de comportement. La théorie générale consiste à dire que vous ne serez jamais plus performant que dans un travail qui utilise vos aptitudes innées.

Quand cela n'est pas le cas :

- pour être au top de vos performances, vous allez utiliser beaucoup d'énergie et puiser dans vos réserves. Sur une longue période, vous risquez le burn-out ;
- sinon, vous vous retrouverez à un moment donné sur le chemin de quelqu'un à qui ce type de travail demandera moins d'énergie, et qui finira par prendre votre place.

De là l'importance de déterminer ce que Jung appelle vos « préférences ».

Les applications les plus fréquentes sont le choix de carrière ou encore des relations personnelles : couple et choix d'amis.

Dans une période où vous vous posez des questions sur votre orientation, il est préférable que vous commenciez par vous poser des questions seul, face à vous-même. Il est donc urgent d'aller à l'essentiel :

- passer de la compréhension à l'utilisation efficace des différences ;
- reconnaître vos propres préjugés.

Cela va vous permettre de mieux vous connaître : déterminer quelles sont vos valeurs, ce que vous apportez à une organisation, votre environnement de travail préféré, ou les risques qui vous guettent… mais aussi de repérer facilement le profil de comportement de vos interlocuteurs et de mieux communiquer avec eux.

Les préférences du MBTI indiquent les différences qui existent entre les personnes et qui résultent des facteurs suivants :

- l'endroit où elles préfèrent porter leur attention et d'où elles tirent leur énergie (Extraversion ou Introversion) ;
- la manière dont elles préfèrent saisir l'information (Sensation ou Intuition) ;
- la manière dont elles préfèrent prendre des décisions (Pensée ou Sentiment) ;
- la manière dont elles s'articulent par rapport au monde extérieur (processus de Jugement ou processus de Perception).

Les préférences ne sont ni bonnes ni mauvaises. Les préférences permettent de déterminer un type de personnalité. Les gens d'un même type ont alors tendance à développer des comportements, des aptitudes et des attitudes associées à leur type

Chaque type possède ses atouts ainsi que ses lacunes. Il est donc important d'en prendre conscience[1].

1. Source : OPP.

Histoire de Jean

Jean, la quarantaine, a fait des études d'ingénieur, s'est marié et est père d'un enfant en bas âge dont il s'occupe beaucoup. Toute sa famille a été diagnostiquée haut potentiel : ses parents et son enfant. En ce qui le concerne, les tests n'ont jamais donné de résultats lisibles. La seule chose qu'il sait, c'est qu'il a d'énormes difficultés à se concentrer, ce qu'il pallie par de la prise de médicaments autoprescrits. Je m'aperçois rapidement qu'il a un gros problème de confiance en lui. En effet, il exerce un métier où on lui demande de manager des gens et de mettre en place des développements techniques et il a éprouvé un sentiment d'usurpateur et de « personne qui n'est pas à sa place ».
Nous commençons par faire le test du MBTI et je m'aperçois avec surprise que le profil de Jean n'a rien à voir avec son métier qui nécessite méthodologie, rigueur, sens du contact et respect des délais. Son profil est plutôt solitaire, artiste, créatif... D'où son impression de ne pas être à sa place depuis des années.
Nous travaillons aujourd'hui sur la mise en place d'un nouveau schéma de fonctionnement dans son entreprise, qui lui permette de mettre en avant ses qualités intrinsèques, notamment dans la partie conseil et gestion de projets plutôt que dans la partie développement qui était son métier d'origine.

Le SOSIE

Depuis sa création, SOSIE est devenu un outil d'évaluation de référence dans le domaine des ressources humaines. Cet inventaire de personnalité est le seul outil qui évalue conjointement le comportement et la motivation d'une personne. Cette double approche permet d'identifier les décalages entre les caractéristiques du poste ou l'environnement professionnel et les potentialités et motivations de la personne.

SOSIE évalue neuf traits de personnalité et douze valeurs largement observées dans l'entreprise.

- Les neuf traits de personnalité sont : l'assurance, la sociabilité, l'acceptation des autres, la stabilité émotionnelle, l'estime de soi, le dynamisme, la persévérance, la circonspection et la curiosité.
- Les douze valeurs sont : la considération sociale, la liberté d'action, l'intérêt pour les autres, la recherche d'approbation, le conformisme, le goût du pouvoir, le matérialisme, l'implication/décision, l'organisation/méthode, la clarté des objectifs, le challenge personnel, la variété/nouveauté.

Ce test va vous analyser exclusivement dans votre contexte professionnel et va photographier votre situation à un instant donné.

Il va vous analyser selon quatre dimensions.

- Personnelle : votre degré d'ascendance, votre stabilité émotionnelle, votre estime personnelle… Cette dimension permet de détecter, notamment, lorsque vous êtes en dépression.
- Vos aspirations : quels sont vos moteurs, qu'est-ce qui vous donne envie de réussir : challenge personnel, considération sociale, liberté d'action…
- Votre fonctionnement dans le travail : votre curiosité d'esprit, avez-vous plutôt une optique à court terme ou à long terme ? Quel est votre degré d'implication personnelle ? Avez-vous besoin d'avoir des objectifs et une structure définis ?
- Vos échanges avec les autres : votre degré de sociabilité, d'acceptation des autres, avez-vous besoin d'approbation, êtes-vous conformiste ? Quel est votre goût du pouvoir ?

Cet exercice détermine aussi de façon plus globale votre style de comportement professionnel et en déduit quatre styles de comportements ou de managements :

- stabilité et structure ;
- pouvoir et activité ;

- ouverture et contrôle ;
- désintéressement et conviction.

SOSIE vous permettra de déterminer des conditions et des environnements de travail qui vous sont particulièrement favorables, mais aussi ceux qui sont très risqués pour votre avenir professionnel[1].

Le DISC

Enfin, le troisième test que j'aime beaucoup utiliser est celui du DISC. Ce test a été développé par le psychologue américain diplômé de Harvard, William M. Marston, à partir de ses travaux sur « Les émotions des gens normaux ». Il analyse la personnalité d'un individu à travers quatre dimensions, synthétisées à travers les descriptions des catégories suivantes.

- D : Dominance – Challenge : Comment vous abordez les problèmes et les défis. Comment vous exercez le pouvoir.
- I : Influence – Contacts : Comment vous interagissez et cherchez à rallier les autres à votre point de vue.
- S : Stabilité – Régularité : Comment vous répondez au changement, à la variation et au rythme de votre environnement.
- C : Conformité – Contraintes : Comment vous répondez aux règles, aux procédures définies par les autres et à l'autorité.

Le système de mesure DISC analyse tous ces facteurs pour mettre en évidence les forces et les faiblesses comportementales d'une personne et ses préférences vers un style de fonction.

En allant plus loin on peut définir huit grands types psychologiques : organisateur – conducteur – motivateur – promoteur – facilitateur – supporteur – coordinateur – évaluateur.

1. Source : ECPA.

Ce test permet, lorsqu'on analyse extrêmement rapidement la façon de fonctionner de quelqu'un, de déterminer de façon très grossière, voire un peu caricaturale, le profil de métier qui lui convient le mieux. Il est donc régulièrement utilisé par des cabinets de recrutement qui veulent vérifier le profil homme/poste.

Histoire de Patrick

Patrick, un homme ayant eu de nombreuses expériences de management, décide de reprendre une société dans le BTP. Tout se passe à merveille, il réussit sa levée de fonds, son emprunt bancaire et s'installe en province, pour prendre les rênes de sa nouvelle entreprise sous la houlette de son cédant.

En moins d'un an, je le retrouve dans mon cabinet. Il a fait faillite et est, de plus, présenté dans tous les journaux comme la personne responsable de ce naufrage. Lorsque nous commençons son accompagnement, je m'aperçois en lui faisant faire le test du DISC, que sa capacité leadership était très faible et que sa façon de manager reposait essentiellement sur l'influence et la force de conviction.

Cela était tout à fait adapté dans le type de milieu qu'il fréquentait jusque-là, cela était incompatible dans le milieu du BTP et des chantiers sur lequel il avait choisi de se repositionner. Il n'a pas réussi à reprendre la situation en mains lorsqu'elle a commencé à dégénérer et cela l'a conduit à la faillite avec beaucoup de dégâts collatéraux, notamment de réputation pour lui et sa famille.

Le test n'aurait bien sûr pas permis d'éviter la faillite, car son cédant lui avait dissimulé de nombreuses choses. Néanmoins, il lui aurait permis d'éviter ce type d'environnement professionnel dans lequel il ne pouvait pas se sentir à l'aise et évoluer au mieux de ses capacités.

Ces tests n'ont pas pour objet de vous évaluer ou de vous juger. Leur propos n'est pas non plus de vous indiquer si vous avez raison ou tort dans telle ou telle situation, si votre comportement a été juste ou injuste.

Ils ont pour but de vous faire prendre conscience de votre comportement (sans aucun jugement) afin que celui-ci puisse devenir prévisible pour vous.

Cela vous permet de savoir dans quel type d'environnement professionnel vous pouvez vous épanouir et lesquels auront tendance à être nocifs pour vous.

Cela vous permettra enfin de mieux communiquer avec les autres. Avec un peu de chance, cela vous permettra aussi de revisiter le passé et de ne pas refaire les mêmes erreurs dans l'avenir.

Bien entendu, d'autres tests peuvent être tout aussi valables à condition qu'ils soient faits dans des conditions de déontologie stricte et que vous soyez en mesure de vous approprier véritablement le résultat.

J'ai par exemple des doutes sur les tests passés en groupe, sans confidentialité, car la personne aura tendance à biaiser le résultat pour présenter une image plus conforme à ce que la société attend d'elle.

Les tests fleurissent sur le Net et vous donneront quelques indications.

Vous pouvez aussi vous adresser à des professionnels certifiés dans le cadre d'un cabinet. Cela ne représentera pas une dépense importante au regard des bénéfices que vous pourrez en tirer si vous vous y mettez sérieusement.

Pour conclure, peu importe l'option que vous choisirez, ce qu'il faut retenir, c'est qu'il vous faudra travailler sur la détermination des points suivants.

- Dans quel type d'environnement vous fonctionnez le mieux ?
- Quel est votre profil personnel et professionnel ?

4

Acceptez-vous avec bienveillance

En général, tout le début de notre vie est structuré par des influences qui ne sont pas les nôtres. Le milieu social dans lequel nous évoluons, la profession de nos parents, les influences de nos amitiés de jeunesse, nos lectures ou les films que nous avons vus...

Dans ce melting-pot d'images en format mosaïque, nous nous sommes fait notre propre idée du monde et de la place que nous souhaitions y tenir. C'est comme cela que nous avons structuré les vingt premières années de notre carrière.

Néanmoins, lorsque nous avons plus de 40 ans, cela fait déjà quelques années que nous avons fait ces choix qui nous ont structurés. Dans le tourbillon de la vie professionnelle, du mariage et des enfants, il est extrêmement rare que nous ayons pris le temps d'analyser l'adéquation des choix que nous avions faits par rapport à notre analyse de départ ; ou même la validité de notre analyse par rapport aux circonstances de la vie.

Parfois, ces choix de vie professionnelle, ou même plus généralement de style de vie, vous ont été imposés par d'autres ou se sont imposés en réaction à ce que vous viviez dans votre environnement.

C'est maintenant le moment, avec des années de réflexion complémentaire, de revisiter ces analyses et ces choix, qui étaient peut-être judicieux à l'époque, pour vérifier s'ils sont toujours d'actualité aujourd'hui.

La difficulté, après 40 ans, c'est que les différents éléments évoqués font tellement partie de votre environnement familier, de vos réflexes et de vos habitudes, qu'il vous est même difficile d'imaginer que vous auriez pu faire d'autres choix de vie et fonctionner aujourd'hui autrement.

Pour pouvoir prendre conscience des différents facteurs qui vous influencent, il vous suffira juste de vous poser des questions et de répondre à ces interrogations par écrit. Cela permettra de prendre du recul, de faire le tri entre les différentes influences, de déterminer celles que vous allez garder, celles que vous désirez explorer plus avant et celles que vous décidez d'éliminer.

La seconde étape, nous l'avons également abordée, consistera à mieux vous connaître vous-même et surtout ne pas chercher à vous changer, mais au contraire à apprendre à définitivement vous accepter et à devenir votre meilleur ami.

Il ne s'agit pas d'évaluer vos capacités intellectuelles ou une quelconque forme de quotient émotionnel.

Il n'y a rien ici à gagner, pas de compétition avec un classement par rapport à un autre, mais il y a tout à gagner par rapport à vous-même. Vous serez votre plus beau cadeau si vous vous acceptez enfin tel que vous êtes, sans chercher à vous « changer » ou à vous améliorer.

En termes de coaching, on appelle souvent cela de la gestion des talents, mais il s'agit simplement de travailler avec vos forces et vos faiblesses. Et, pour cela, je vais commencer par vous demander de faire exactement l'inverse de tout ce que l'on vous a enseigné dans la première partie de votre vie. Vous n'allez surtout pas chercher à vous améliorer et à travailler sur vos points faibles.

En effet, cet exercice était valable lorsque vous étiez en phase d'apprentissage et que vous découvriez votre boîte à outils personnelle et professionnelle (c'est-à-dire les vingt dernières années que vous venez de passer). Maintenant que vous êtes un joueur confirmé, vous allez apprendre un autre type de jeu. Celui-ci consistera à vous appuyer sur vos points forts et à contourner vos faiblesses. Mais attention, pour pouvoir jouer à ce nouveau jeu, il faut une excellente connaissance des éléments évoqués préalablement, sinon vous courez à l'échec.

C'est-à-dire qu'il vous faudra passer ces tests avec une attention toute particulière, si, comme c'est souvent le cas, vous en avez passé dans le cadre de votre travail, n'hésitez pas à vous y référer à nouveau afin d'être en mesure de totalement vous les approprier. Une simple lecture du compte rendu informatique du questionnaire dépouillé ne suffit pas. Il vous faudra prendre le temps de vous interroger, éventuellement d'en discuter avec votre coach préféré, afin d'analyser dans quelles circonstances telle chose s'est produite, et ce que vous auriez pu faire à la place par exemple.

L'œil du coach

Ne soyez donc pas excessivement critique car toutes les choses qui vous seront décrites ne sont pas justes, loin de là. En effet, un test aura toujours pour finalité de prendre la personnalité complexe d'un individu pour l'enfermer dans une case. En revanche, elles seront exactes en grande majorité et vous donneront des indications complémentaires sur la façon dont fonctionnent les gens qui ont votre type de profil, ce qui pourra vous donner des idées pour explorer d'autres champs possibles.

L'avis de l'expert

« Dans les secrets d'un chasseur de têtes »

Igor Quézel-Perron, associé du cabinet Eric Salmon & Partners

L'idée est de partager les conseils qu'un professionnel de l'*Executive Search* pourrait donner à un candidat et balayer tous les poncifs et les idées reçues sur ce que l'on peut attendre d'un cabinet de recrutement de haut niveau.

*Mireille Garolla : Tout d'abord, y a-t-il des critères d'âges pour s'adresser à un cabinet d'*Executive Search *?*

› *Igor Quézel Perron :* Pour s'adresser à un cabinet de recrutement de cadres dirigeants, il faut avoir a minima 35 ans. Mais je crois que vous voulez toucher au sujet concernant l'âge maximal. La France est le vilain canard de l'Europe en ce qui concerne l'emploi des seniors, même si la capacité à trouver un emploi pour les 50-60 ans s'améliore aujourd'hui. Dans le discours, nos clients sont ouverts, mais la réalité est autre. On arrive donc à une situation aberrante : les chasseurs de têtes devraient présenter des candidats majoritairement entre 38 et 50 ans.

MG : Quel conseil donneriez-vous à des candidats en fonction de leurs classes d'âges ?

› *IQ-P :* Jusqu'à 35 ans, les opportunités sont là. Les entreprises sont dans une logique d'investissement, et ce marché est actif. Cependant, on reste dans un marché de clients, c'est-à-dire où les entreprises ont le pouvoir. Ce marché s'est, plus généralement, radicalisé sur des parcours lisses, linéaires, sans heurts, alors que ces derniers sont de plus en plus rares compte tenu des transformations accélérées que connaissent les entreprises. En parlant de conseils à donner, j'ai récemment discuté avec un DRH de 55 ans qui s'est retrouvé sur le marché. La leçon qu'il a tirée de sa recherche, selon ses mots, c'est « volume ». Là où il fallait en 2007, période encore faste, de 30 à 40 contacts pour avoir 2 ou 3 opportunités solides, il en faut aujourd'hui 3 à 4 fois plus, pour le même résultat.

MG : Ces remarques sont pour les personnes qui s'adressent à votre cabinet. Mais que diriez-vous aux jeunes et aux personnes de plus de 57 ans ? Si l'effet volume joue pour les catégories employables dont vous parliez, que peuvent-ils faire de plus ?

› *IQ-P :* Les candidats aimeraient qu'on leur donne les deux ou trois conseils qui vont tout régler. Pour ces deux catégories, mes conseils s'appliquent de la même façon. Quant à la situation des jeunes, il y a pour eux des opportunités à l'international ou dans les PME. Il y a quelque chose de surprenant dans les études scolaires : on ne passe que très peu de temps à se demander comment approcher le marché du travail. Aujourd'hui, ce travail est absolument nécessaire ! Il faut commencer par se connaître, définir en termes généraux ce que l'on aime. Il en découlera un choix meilleur quant à une future orientation.

MG : Personne ne demande de faire ce type de travail. Même des personnes de 50 ans. Elles ne se demandent pas qui elles sont et ce qu'elles peuvent apporter. Certaines arrivent avec une approche de « couteau suisse » en précisant qu'elles peuvent tout faire. Le DRH doit choisir. Et, dans ce cas, la personne est de facto *recalée. La première chose que je demande à mes clients est de fermer leur éventail. Définissez ce que vous êtes ou au moins ce que vous n'êtes pas. À partir de là, vous éviterez de vous faire recaler pour des choses que vous n'avez pas envie de faire. Ce sera meilleur pour le moral.*

› *IQ-P :* Je suis parfaitement d'accord. J'ajouterai qu'il est parfois difficile de savoir ce que l'on veut. Et cela peut arriver à 25, 40 et

50 ans. On ne sait plus. Le marché vous a exclu. On a des rêves pour tel ou tel secteur, dans un moment de rupture peu apte à une projection mûrement réfléchie. Un chasseur ne peut pas travailler à la fois sur le versant personnel et professionnel. Le candidat doit avoir fait ce travail préalable, du moins connaître ses motivations, afin de concilier projets personnel et professionnel.

MG : La personne doit savoir concilier les deux. Sinon, il y a « mismatch ».

› *IQ-P :* Tout à fait. Et, le « match » c'est quoi ? C'est la convergence entre un projet personnel et un marché. Parfois, on est perdu, surtout à l'issue d'une expérience difficile. Et, dans ce cas, il y a des personnes comme vous, Mireille, qui aident à prendre du recul et à reprendre confiance dans son projet personnel et professionnel. Une fois que l'on sait ce que l'on veut et que l'on connaît son marché, une bonne partie du problème est résolue. Il faut ensuite batailler… Cela fonctionne quand les démarches sont actives, authentiques et optimistes, que les projets sont précis, et qu'on connaît les deux ou trois choses que l'on aime faire. Après, tous les chemins ne sont pas linéaires et les embûches sont présentes. Dans l'économie actuelle, en réalité, on apprend la nécessité de se reconfigurer, l'échec.

MG : Le deuxième grand thème que je voulais aborder est la flexibilité des parcours et des métiers. La France apparaît comme étant très rigide sur ce point. Y a-t-il une amélioration ?

› *IQ-P :* Non, je crois que c'est l'inverse ! Dans le discours, certains DRH sont ouverts. Ils nous demandent d'être créatifs dans la recherche d'un profil. Donc, dans les mentalités, oui, il y a une évolution. Seulement, la crise a provoqué l'effet inverse. Quand on compte les investissements, quand on a besoin de se réassurer, on se crispe sur les critères. Dans la réalité, c'est difficile de faire passer quelqu'un qui n'a pas toutes les expériences requises. On doit batailler pour cela. Et c'est notre rôle. Mais cela reste toujours beaucoup plus difficile que dans les pays anglo-saxons.

MG : Je pense à un parcours très particulier, celui de l'entrepreneuriat. J'ai beaucoup de clients qui y pensent. Que conseilleriez-vous à quelqu'un qui va se lancer dans l'entrepreneuriat, que ce soit en création ou en reprise d'entreprise ? Et comment valorisez-vous l'essai de quelqu'un qui vient de subir un échec ?

› *IQ-P :* C'est une question importante car, effectivement, certains, en difficulté et pétrifiés par le marché de l'emploi, se disent : pourquoi ne pas créer une société ? Excellente idée, d'un point de vue macroéconomique il faut des entrepreneurs. Mais cela nécessite une capacité de rebond, un optimisme et une capacité d'adaptation à tous crins ! Il faut se tester sur ces qualités. Car, dès le premier jour, un entrepreneur va faire face à trois ou quatre événements qui vont lui dire que cela ne va pas marcher. Cela peut être lié à son entourage, à son produit ou à son marché. La persévérance dans l'entrepreneuriat est un grand sujet. Un mental d'acier et un projet précis sont nécessaires. Et il faut savoir se réinventer en permanence. Le business model de départ n'est pas toujours le même à l'arrivée. C'est important de préciser le temps qu'on se donne et de se lancer en prenant en compte ses limites financières. Ensuite, est-ce que je le valorise en tant que chasseur ? Oui, évidemment ! Prendre des risques, persévérer, se battre seul, c'est remarquable. Il y a tant de cas de réussite alors que personne n'y croyait. J'ai autour de moi des amis de 50 ans en qui personne ne croyait. Et, finalement, ça marche. Dans tous les cas, il y a un prérequis : avez-vous le mental pour le faire ? Et puis, ensuite, il faut avoir l'honnêteté de se dire j'arrête et je recommence ma vie dans une entreprise. À ceux qui ont mesuré tout cela, ceux qui ont vraiment envie, je dis : allez-y !

En France, il est difficile de changer de secteur et de métier. Les recruteurs qui essaieront d'analyser rationnellement le parcours professionnel du candidat donneront peu de degrés de liberté. Par le réseau, on peut faire des rencontres plus créatives, et mettre en avant ses compétences, sa personnalité, ce qui ouvre plus d'horizons. Encore une fois, il faut avoir un projet et démontrer ses capacités.

Partie 3

Dessiner son rêve

Vous ne pouvez pas vous présenter sur un marché du travail en crise si vous n'avez pas très envie du travail proposé et probablement pas plus envie de faire la différence que la personne qui sera en concurrence avec vous. Pour cela, il vous faudra analyser ce que vous aimez faire, vous l'approprier et le présenter de façon cohérente aux personnes que vous allez rencontrer. Il ne suffit pas d'avoir une fonction et de la répliquer. Une fonction est quelque chose de très standardisé. Ce qui sera réellement important, c'est de considérer comment vous l'avez exercée, dans quel contexte, et ce que vous avez appris. Il vous faudra ensuite être convaincu de la valeur que vous apportez dans un nouvel environnement et de la raison pour laquelle vous y serez légitime.

Il est rarement possible de faire cela lorsque vous sortez de votre entreprise de façon traumatique. Il faut d'abord commencer par vous reconstruire, vous occuper de vous et être convaincu que ce que vous apportez est quelque chose de très valable et que le poste pour lequel vous postulez vous intéresse réellement.

1

Commencez à rêver votre vie

Grâce au travail exposé préalablement, vous avez pris le temps d'analyser qui vous êtes. Vous connaissez donc les avantages sur lesquels vous allez vous appuyer, et les défauts avec lesquels vous allez devoir composer.

Je vous propose maintenant de vous emmener à la découverte de l'adolescent que vous étiez, et vous faire rêver à nouveau votre vie. C'est un exercice indispensable pour vous réinventer en milieu de carrière. C'est également ce qui va vous permettre de rebondir après une période très difficile.

L'objectif sera très simple et agréable, il consistera à réfléchir à ce que vous aimez. Cette étape est très importante pour deux raisons.

- Tout d'abord parce que rechercher un travail est une activité ingrate et souvent solitaire. Il est donc difficile de garder son optimisme et un niveau de motivation élevé, sauf si vous le faites avec pour objectif final de faire quelque chose qui vous plaira véritablement.
- Ensuite parce que dans le contexte économique actuel, avec le très grand nombre de personnes qui postulent pour le même poste, la véritable différenciation se fera sur le savoir-être. Une prime très forte sera donnée à la personne qui se présente à un entretien d'embauche avec des étoiles dans les yeux.

Je vais vous demander d'oublier tout ce que l'on vous a dit sur les bilans de compétences et la recherche d'emploi pour vous demander de rêver avec moi. Au fil de quelques exercices, je vais vous apprendre à faire « atterrir votre rêve » afin qu'il puisse s'ancrer dans la réalité.

Cette méthodologie ne fonctionne pas comme un bilan de compétences classique, c'est-à-dire qu'elle ne cherche pas *a priori* à valider vos compétences techniques dans un domaine donné. Elle s'attache plutôt, au moins dans les deux premiers chapitres, à redonner toute sa place à l'individu que vous êtes et à lui donner enfin sa place si cela n'a pas été le cas dans votre vie professionnelle. Le risque, si vous ne le faites pas et si vous êtes dans une situation d'épuisement aussi bien personnel que professionnel, c'est que vous commenciez à développer des maladies graves qui, elles, vous forceront à regarder votre vie par un autre prisme.

Vous pouvez commencer cette démarche d'analyse alors même que vous êtes en poste. Quelle doit être votre prochaine étape ? Que vous apportera-t-elle ? Est-elle bien conforme avec vos valeurs ou est-ce pour faire plaisir à quelqu'un de votre entourage ? Ne négligez pas les sections « connais-toi toi-même » et « l'atterrissage du rêve » car cela peut avoir un impact important à la fois personnel et professionnel pour vous.

L'objectif du rêve

En fait, aux alentours de 40 ans, vous occupez souvent des fonctions de direction générale. Après avoir commencé par des postes techniques, vous avez rapidement monté les échelons de la hiérarchie et êtes devenus des managers.

Sauf dans de très rares exceptions, vous avez alors « oublié » votre formation technique pour devenir des généralistes d'un secteur ou d'une entreprise.

Cette façon de vous voir et de vous présenter va donc vous poser un énorme problème dans le cadre d'un repositionnement de milieu de carrière. Vos interlocuteurs vont vouloir vous « acheter » pour votre connaissance d'un milieu ou d'un poste, et pour refaire ce que vous avez déjà fait, ce qui est très précisément ce que vous ne souhaitez pas faire, ou quelquefois ce que vous ne pouvez plus faire pour des raisons de contingences économiques.

Cela est particulièrement important lorsque vous avez eu l'impression de servir de fusible dans une ou plusieurs entreprises données et que vous vous dites que vous êtes prêt à tout, sauf à recommencer cela. Vos atouts managériaux sont alors difficiles à cerner car difficilement transposables tels quels dans un autre poste ou dans un autre secteur.

Il va donc falloir asseoir ce que vous proposez sur des choses beaucoup plus précises. Que faites-vous et qu'aimez-vous faire dans la vie en général ? Que souhaiteriez-vous retrouver dans votre seconde partie de carrière professionnelle ou dans votre seconde partie de vie tout simplement ?

Pour cela, vous allez fonctionner de façon extrêmement pragmatique et chercher à comprendre les choses que vous aimez faire, le type d'environnement dans lequel vous souhaiteriez l'exercer, le type de personnes que vous souhaiteriez rencontrer... et surtout quelles sont les valeurs de vie que vous voulez voir respectées.

Je vous propose, dans la suite de cette partie, plusieurs thèmes sur lesquels nous allons travailler.

Respectez vos valeurs...

Nous l'avons vu lors de la première partie de cet ouvrage, la quarantaine est le moment où vous vous posez le plus de questions sur ce que vous voulez réussir et sur la façon dont vous souhaitez vous y prendre.

Le malaise que vous avez ressenti dans votre vie professionnelle et qui s'est parfois largement diffusé dans votre vie privée vient du fait que les choix que vous aviez mis en place et qui ont orienté votre vie ne sont hélas plus valables. Ils vous ont aidé dans cette première partie de carrière où vous aviez des objectifs personnels, financiers et de construction de famille qui étaient tout à fait valides, qu'ils aient été réalisés ou pas. Il vous faut aujourd'hui tirer les leçons de ces vingt années d'expérience et savoir quels sont vos objectifs pour les années à venir. Que voulez-vous mettre en place ? S'agit-il de gagner toujours plus d'argent, s'agit-il de recommencer votre vie sur de nouvelles bases ? S'agit-il de commencer à transmettre ce que vous connaissez ? S'agit-il de faire quelque chose dont vous avez rêvé pendant des années sans jamais vous l'autoriser ? En aucun cas il ne faudra répondre en mode panique et répéter ce que vous avez déjà fait parce que vous avez peur de vous retrouver face à vous-même et sans emploi. Il faut, dans la mesure du possible, considérer quelles sont vos ambitions et vos contraintes pour vous fixer une nouvelle ligne de conduite, et vous y tenir.

L'œil du coach

Ne cherchez pas à vous comparer aux autres, c'est vous qui êtes dans cette situation, c'est votre vie, il convient que vous fassiez les choix qui s'imposent.

L'intérêt de cet exercice est de déterminer, sans aucun jugement, quels sont les grands équilibres de votre vie. On déterminera, d'une part, les éléments qu'il vous faudra préserver dans votre vie professionnelle future et ceux qu'il conviendra de modifier rapidement.

Il est évident que les grands équilibres d'un chercheur d'emploi ne seront pas du tout les mêmes selon son âge. Ils vont être très différents à 20, 30, 40 ou 50 ans. Ils seront aussi très différents en fonction de sa situation personnelle : pas d'enfants, enfants en bas âge ou enfants à l'université...

Il conviendra d'en tenir compte avec beaucoup d'attention car, si le nouveau travail ne permet pas le respect de cet équilibre et de ces valeurs, non seulement il ne sera pas pérenne, mais en plus il remettra en cause tout votre écosystème et vous vous retrouverez excessivement fragilisé.

Exercice sur les valeurs

Vous allez utiliser le graphe ci-après avec deux axes, gradués de 1 à 10 :

- ✔ L'axe des abscisses est celui de l'importance
- ✔ L'axe des ordonnées est celui de la satisfaction.

Je vais vous demander de positionner différentes valeurs à l'intérieur de l'espace délimité par ce graphe. Ce positionnement devra tenir compte de l'importance qu'elles ont pour vous et de la satisfaction qu'elles vous procurent à ce moment précis de votre vie.

Les valeurs que je vous propose de considérer pour cet exercice sont détaillées dans la liste suivante et chacune est symbolisée par une lettre de l'alphabet. J'ai ci-après indiqué celles qui me semblaient le plus communément admises par mes clients. N'hésitez pas à compléter cette liste par des éléments importants pour vous et qui n'y figurent pas.

A - Formation
B - Profession
C - Revenu, niveau de vie
D - Position sociale
E - Santé
F - Vie conjugale
G - Vie familiale
H - Éducation des enfants
I - Amis
J - Relations
K - Situation politique
L - Loisirs
M - Développement personnel
N - Culture personnelle

L'intérêt de les analyser et de les positionner sur un graphe est que cela vous permet d'un seul coup d'œil de voir les choses qui fonctionnent bien pour vous afin de vous focaliser rapidement sur celles qui devraient être améliorées. Le graphe, une fois rempli, se lit de la façon suivante :

Les valeurs qui figurent dans les zones **1** et **2** représentent des choses qui vous apportent de la satisfaction à ce moment donné de votre vie, que cela ait de l'importance pour vous (valeurs figurant dans la zone **2**) ou peu d'importance (valeurs figurant dans la zone **1**).

Les valeurs qui figurent dans la zone **3** et **4**, en revanche, par contre sont des valeurs qui ne vous apportent pas de satisfaction. Lorsqu'elles n'ont pas d'importance non plus (celles qui figurent dans la zone **4**), vous pouvez les oublier et passer à autre chose. Lorsqu'elles figurent dans la zone **3** du graphe, c'est plus ennuyeux car il s'agit de choses importantes qui ne vous apportent pas de satisfaction et qui donc polluent votre environnement émotionnel. Mon conseil dans ce cas est que vous réfléchissiez rapidement à comment remonter ces valeurs en zone **2** soit pendant cette période de réflexion, soit lorsque vous serez dans votre nouvel environnement professionnel.

Il s'agit de quelque chose de très important à ce moment de votre vie.

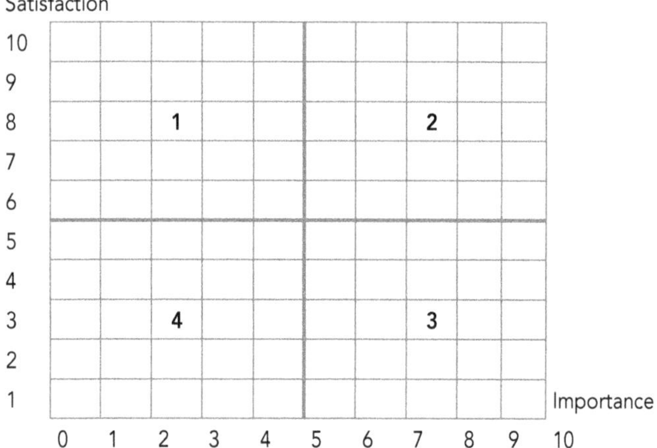

La position des valeurs niveau de vie, revenus, position sociale et développement personnel ou éducation des enfants aura ainsi tendance à évoluer au fur et à mesure de votre maturité personnelle et professionnelle.

Les valeurs niveau de vie, revenus et position sociale sont souvent prépondérantes en début de carrière. C'est en effet à ce moment là qu'il faudra faire vos preuves et trouver votre place dans votre univers professionnel. En revanche, vers 45 ans, vous trouverez probablement ces valeurs en zone **2** alors que celles de votre développement personnel, vos temps de loisirs ou le temps consacré à l'éducation des enfants pourra se situer en zone **3**. C'est sur la mise en place du respect de ce nouvel équilibre qu'il vous faudra probablement commencer à travailler, tout en recherchant bien sûr votre nouveau poste. Cela aura pour conséquence une modification possible du poste recherché ou de la façon dont vous l'exercerez.

Respectez vos motivations…

Le thème de notre réflexion consiste cette fois-ci à vous faire prendre conscience non pas des compétences que vous utilisez dans votre métier, mais de la façon dont vous aimez l'exercer.

Pour illustrer mon propos, je vais vous donner un exemple : prenons le cas d'un directeur financier, métier *a priori* très technique qui consistera à mettre en œuvre des compétences telles que le management d'équipes, la supervision de la comptabilité, la mise en place de reporting et la gestion de la trésorerie, ainsi que la mise en œuvre de toutes les opérations de haut de bilan. Selon les personnes, l'exercice de ce métier se fera de façon très différente.

Pour certains, ce qu'ils préféreront faire en arrivant au travail le matin sera de réunir leurs équipes pour leur donner les objectifs et déterminer les méthodes de travail pour la semaine. Pour d'autres, cela sera de se précipiter dans le bureau du président pour analyser la stratégie de la société. Les troisièmes s'installeront à leur ordinateur pour faire de la veille concurrentielle sur Web.

L'exercice de leur métier et l'expression de leurs actions de préférence se feront donc, vous l'avez compris, essentiellement en fonction de leur personnalité et de leurs motivations.

L'exercice suivant consistera tout d'abord à rechercher les actions que vous aimez réaliser en vous aidant d'une liste fournie, puis de les hiérarchiser à travers un exercice d'optimisation sous contrainte.

Exercice : analyse de vos motivations

Considérez les verbes suivants, c'est-à-dire ceux qui ne sont pas en gras. Vous allez souligner ligne à ligne les verbes qui vous intéressent ou qui vous plaisent dans l'absolu, c'est-à-dire ceux que vous aimeriez retrouver dans votre vie future. Il peut y en avoir un ou plusieurs par ligne, ou encore aucun sur une ligne. Une fois que vous aurez défini ceux qui vous plaisent, si sur une ligne vous avez souligné au moins un verbe, je vous propose de souligner le verbe racine, c'est-à-dire le verbe figurant en gras en début de ligne.

Découvrez vos VERBES DE MOTIVATION

✔ **Innover** : créer, adapter, développer, mettre en forme, actualiser.

✔ **Imaginer** : concevoir, visualiser, supposer, inventer, forger, fabuler.

✔ **Synthétiser** : rassembler avec originalité, réunir, composer, associer.

✔ **Créer** : scénariser, sculpter, écrire, dessiner, fonder, établir, jouer.

✔ **Systématiser** : coordonner, organiser, corriger, développer des procédures.

✔ **Planifier** : prévoir, fixer des objectifs, définir une stratégie, programmer.

✔ **Administrer** : classer, compter, enregistrer, établir, gérer, inventorier, ranger.

✔ **Mener les hommes** : conduire, conseiller, juger, régir, manipuler, décider.

✔ **Assister** : aider, informer, secourir, appuyer, épauler, être attentif.

✔ **Se mettre à la place de** : écouter, redonner confiance, conseiller utilement.

✔ **Présenter** : écrire, parler, publier, communiquer, exposer, faire connaître.

✔ **Persuader** : convaincre, inspirer, motiver, influencer, faire croire.
✔ **Arbitrer** : rapprocher, négocier, intervenir, résoudre, concilier, juger.
✔ **Observer** : examiner, percevoir, mesurer, constater, étudier, inspecter.
✔ **Analyser** : examiner, dissocier, étudier, rendre compte, identifier.
✔ **Interpréter** : expliquer, attribuer, rapprocher, comprendre, traduire, deviner.
✔ **Trouver des solutions** : résoudre, trancher, décider, réorienter, redessiner.
✔ **Ordonner** : classer, répartir, arranger, enregistrer, compiler, ranger, trier.
✔ **Fabriquer** : construire, réaliser, préparer, assembler.
✔ **Installer** : ajuster, finir, adapter, essayer, faire aller.
✔ **Opérer** : faire marcher, entretenir, contrôler, utiliser.
✔ **Entretenir** : garder en bon état, réparer, retaper, caler, reconstruire.
✔ **Servir** : prendre soin, aider, pourvoir, s'occuper de, se dévouer.
✔ **Jouer** : improviser, danser, nager, tenir la scène.
✔ **Explorer** : apprendre, découvrir, voyager, chercher, aller en profondeur.
✔ **Relever un défi** : concourir, prendre des risques, se surpasser, réussir.
✔ **Être reconnu** : grimper socialement, être accepté, être félicité.
✔ **Être récompensé** : gagner plus, avoir des avantages, être promu.

Maintenant que vous avez recensé vos motivations (verbes racines), vous allez les hiérarchiser afin de savoir ce qui vous motive le plus.

Pour cela, utilisez la grille de hiérarchisation de la page suivante.

Vous inscrivez en ordonnée et en abscisse de la grille de hiérarchisation les motivations (verbes racines) que vous avez sélectionnées en respectant le même ordre.

Puis vous jouez une à une les motivations des lignes contre celles des colonnes :

À l'intersection de la ligne L et de la colonne C, mettez un + si vous préférez C à L, un – si vous préférez L à C.

L'exemple commencé page suivante vous donnera une idée du résultat final.

+ –	Relever un défi	Servir	Trouver des solutions	Innover	Mener les hommes	Persuader	Arbitrer	Présenter	Synthétiser	Systématiser	Interpréter	Planifier	Explorer	Etre récompensé
Relever un défi		+	-	-	-	-	-	-	-	-	-	-	-	-
Servir	-		-	-	-	-	-	-	-	-	-	-	-	-
Trouver des solutions	+	+		-	+	+	+	+	-	-	-	-	-	-
Innover	+	+	+		+	+	+	+	-	-	-	-	-	-
Mener les hommes	+	+	-	-		+	+	+	-	-	-	-	-	-
Persuader	+	+	+	-	+		+	+	-	-	-	-	-	-
Arbitrer	+	+	+	-	+	+		-	-	-	-	-	-	-
Présenter	+	+	+	-	+	+	+		-	-	-	-	-	+
Synthétiser	+	+	+	+	+	+	+	+		+	-	+	+	+
Systématiser	+	+	+	+	+	+	+	+	-		+	-	-	+
Interpréter	+	+	+	+	+	+	+	+	+	+		-	+	+
Planifier	+	+	+	+	+	+	+	+	+	+	+		+	+
Explorer	+	+	+	+	+	+	+	+	+	+	+	-		+
Etre récompensé	+	+	+	+	+	+	+	-	-	-	-	-	-	
Total	**12**	**13**	**10**	**6**	**11**	**11**	**11**	**9**	**3**	**4**	**3**	**1**	**3**	**6**
classement	**2**	**1**	**6**	**8**	**3**	**3**	**3**	**7**	**11**	**10**	**11**	**13**	**11**	**8**

Grille de hiérarchisation

Une fois le tableau réalisé, il conviendra de compter le nombre de signes (+) dans chaque colonne puis de classer les actions telles qu'elles ressortent par ordre préférentiel (celles ayant obtenu le score le plus important *a priori*).

Veuillez les lister de la façon qu'indiquée dans l'exemple ci-après :

1 - Servir
2 – Relever un défi
3 – Arbitrer, Persuader, Mener les hommes
6 – Trouver des solutions
7 – Présenter
8 – Innover, Être récompensé
10 - Systématiser

Vous trouverez ici un document pour faire vous-même cet exercice.

+ / –														
Total														
classement														

Je vous invite enfin à passer un peu de temps à considérer cette liste de verbes afin de bien appréhender ce que vous mettez derrière chacun d'entre eux.

Il vous suffira pour cela d'indiquer en deux ou trois lignes, à chaque fois, ce qu'ils représentent pour vous et le moment et les circonstances où vous préférez les exercer.

Conservez précieusement cette liste, elle vous servira de grille d'analyse lorsque vous rechercherez un travail et que vous postulerez pour une offre.

L'œil du coach

Mon expérience montre que si vous n'êtes pas en mesure de lier la majorité de ces verbes avec les actions de votre nouvelle expérience professionnelle, celle-ci vous rendra très malheureux et se soldera à court ou moyen terme par un échec.

Cette liste est également très utile dans le cas d'un repositionnement complet en milieu de carrière, où il convient de déterminer de nouvelles aptitudes et compétences sur lesquelles s'appuyer.

2

Équilibre vie privée/ vie professionnelle

Le troisième élément important à conceptualiser à ce stade est l'équilibre que vous voulez conserver ou même parfois établir pour la première fois entre votre vie privée et votre vie professionnelle et la façon dont vous souhaitez utiliser votre temps à l'intérieur de ces deux plages.

Vous allez imaginer votre semaine idéale en période d'activité professionnelle et vous allez planifier les travaux et loisirs dont vous souhaiteriez qu'elle soit composée.

L'œil du coach

Il est important de savoir ce que vous recherchez car cet équilibre, comme les autres, peut finalement être le meilleur garant de la pérennité de votre nouvelle activité.

Tout d'abord, quelle doit être la part laissée à votre vie non professionnelle et comment s'imbrique-t-elle dans votre vie professionnelle elle-même ? Y a-t-il des moments où il faut que vous soyez disponible pendant les horaires de travail habituels ? Comment négocierez-vous cela avec votre nouvel employeur ?

Vous avez plusieurs angles d'attaque. Le premier consiste à mettre en place tout ce que vous voudriez avoir réalisé pour avoir une vie professionnelle réussie et mettre cela de façon ramassée sur une semaine. Il faudra, par exemple, que votre semaine comprenne des plages pour le sport, un déplacement à l'étranger ou en province, un déjeuner en famille pendant le week-end, etc.

Une autre façon de la construire consistera à déterminer – un peu à la façon de pourcentages – la part de votre temps que vous souhaitez allouer à votre vie professionnelle, à votre vie familiale, à votre temps personnel et ensuite à intégrer cela à votre schéma de semaine idéale selon ce qui vous semble le plus efficace et optimal pour vous.

Vérifiez ce schéma avec votre famille. Cela lui convient-il ?

Est-ce cela que vous devrez chercher dans le futur ?

Il faut que vous ayez ces éléments en face de vous à chaque fois que vous vous poserez la question de la recherche d'une nouvelle activité. Cela vous permettra deux choses. Tout d'abord, de vérifier lors de l'entretien que les moments forts de votre semaine vont pouvoir être respectés. Ensuite, le fait de poser ces questions vous permettra aussi de poser à plat pour vous-même ce qui est important pour vous et ce que vous recherchez, même si vous ne le respectez pas complètement. Cela vous donnera une direction et un angle d'attaque.

Ensuite, à l'intérieur de vos plages professionnelles, il conviendra de chercher à déterminer comment vous souhaiteriez idéalement employer votre temps : s'agit-il de réunions internes à l'entreprise, s'agira-t-il de phases de prospection, s'agira-t-il de travail que vous devrez faire tout seul ?

Encore une fois, le fait de le poser sur papier ne vous permettra pas de trouver immédiatement le job qui correspondra à vos attentes, mais cela vous permettra, lors de questions bien ciblées, lorsqu'on vous parlera d'une position possible, de déterminer rapidement si cela pourrait vous convenir à terme et donc d'éviter de vous fourvoyer dans quelque chose qui ne vous convient pas et de multiplier les erreurs.

Toutes les questions doivent être posées avant, ce qui permet de savoir si on ne les respecte pas complètement. Toutes ces questions doivent être posées de façon préalable. Cela vous mermettra de faire des arbitrages et de décider lors de la reprise d'une activité des choses qui seront importantes pour vous et sur lesquelles vous ne pourrez pas transiger et celles pour lesquelles vous allez devoir « faire avec ». De cette façon vous ne serez pas surpris par la dose d'inconfort qu'elles vont générer car celle-ci aura été prévue, et non subie. La partie des choses sur lesquelles on va devoir s'aligner et faire avec (et ainsi anticiper) et ne pas être surpris par la dose d'inconfort que l'on subira, car elle aura été prévue... et donc ne sera pas subie.

Exercice de la semaine idéale : en pratique

Munissez vous maintenant d'un agenda vierge qui présente, heure par heure, une semaine complète du lundi 7 heures du matin au dimanche 22 heures.

Cet exercice consiste à vous projeter, sans la contrainte d'un type de poste, sur la façon dont se déroulerait votre semaine dans un monde idéal.

Vous allez positionner des éléments à la fois d'ordre privé et d'ordre professionnel.

Vous pouvez y retrouver des choses personnelles :

7 heures : petit déjeuner avec mes enfants ; 20 heures le lundi : sport ;12 heures le mardi : shopping avec un ami ; 14 heures jeudi : coiffeur ; 15 heures samedi : balade en forêt avec la famille ; 10 heures dimanche : grasse matinée...

Mais aussi des choses professionnelles :

9 heures lundi : lecture de mes mails ; 11 heures lundi : comité de direction ; 14 heures mardi : point avec mes équipes ; 9 heures mercredi : rendez-vous chez un client ; 13 heures jeudi : départ pour New York ; 17 heures vendredi : revue de ma semaine et préparation de la semaine suivante.

L'œil du coach

Cet exercice est compliqué car il vous faudra bien sûr faire référence à une activité professionnelle que vous avez appréciée pour essayer d'en reprendre les éléments saillants. Mais il conviendra aussi de vous en extraire pour essayer d'aller plus loin et de véritablement imaginer un futur hors des contraintes que vous avez pu y ressentir.

On peut le réaliser de deux façons.

- La première consiste à faire une liste de tout ce que vous voudriez faire pour avoir une vie, ou plus modestement, une semaine réussie et à le positionner sur votre agenda de la manière la plus réaliste possible.
- La seconde consiste à travailler par grands équilibres et à déterminer quelle partie du temps vous consacrez à vous-même, à votre travail, à votre famille, à vos loisirs, au sport, et ensuite à allouer ces plages horaires aux différentes activités que vous affectionnez.

Au final, lorsque vous aurez construit votre semaine idéale, choisissez les cinq moments les plus importants pour vous, qu'ils soient d'ordre professionnel ou d'ordre privé. Ce sont ces moments que vous devrez à tout prix retrouver dans votre environnement professionnel futur.

3

Définissez votre environnement de travail

N'oubliez pas qu'aujourd'hui vous n'êtes probablement pas à la recherche d'un copier-coller de votre environnement professionnel actuel, sinon vous n'auriez pas ce sentiment d'insatisfaction. Il va vous falloir faire l'analyse de ce que vous appréciez dans votre environnement actuel et de ce que vous ne voulez très probablement plus y retrouver.

En effet, le type d'environnement et de style de management va réellement influer sur votre façon de vous comporter au travail et sur les choses que vous y trouverez.

Pour vous citer un exemple tiré de mon expérience, ce n'est pas du tout la même chose de s'occuper des affaires juridiques ou sociales d'une société qui gère des plateformes de centres d'appels et de le faire dans un environnement de cabinet d'avocats d'affaires américain.

Essayez de vous remémorer les différents environnements professionnels qui vous ont plu et pourquoi cela a été agréable pour vous. Analysez en creux ceux que vous ne voulez plus retrouver et pourquoi. N'oubliez pas que les qualités prisées dans certains environnements sont aussi des défauts dans d'autres.

Cela n'est pas uniquement un exercice de style, il peut devenir parfois absolument nécessaire, notamment pour éviter des erreurs que l'on fait bien trop souvent lorsque l'on sort de grands groupes très structurants ou de cabinets de conseil reconnus.

Exemple de Gilles

Gilles, intellectuellement brillant, avait un poste à responsabilités dans un cabinet de conseil. Sa vie était agréable et il était sans arrêt challengé sur de nouveaux défis pour répondre aux demandes de ses clients.

À un moment donné de sa carrière, il a décidé de partir en entreprise pour diminuer un peu son rythme de travail et réaliser une plus-value sur son salaire. Il est ainsi devenu directeur financier d'une structure de taille moyenne qui avait besoin de ses compétences pour mener la structuration liée à sa croissance. Néanmoins, la partie que Gilles avait sous-estimée était le niveau des interlocuteurs qu'il allait trouver. Pas du tout celui de ses clients des grands groupes ni celui des consultants qui peuplaient son cabinet.

Résultat, il est tombé dans le piège classique : une approche trop théorique et une mauvaise adaptation à son milieu d'accueil. Il a été ressenti par les autres comme quelqu'un de hautain, lui-même se sentant complètement en déphasage par rapport à son nouvel environnement. On l'avait appelé pour qu'il structure, qu'il élève le niveau et on lui avait donné carte blanche sur le papier… Finalement, pour une question d'attitude et de communication des deux côtés, cela s'est soldé par un échec et la société a préféré se passer de ses services et faire exactement comme elle faisait auparavant.

Le client à qui j'ai fait faire cet exercice, après deux échecs de ce genre en entreprise, s'est finalement rendu compte que l'environnement intellectuel et culturel par lequel il avait toujours été entouré n'était pas quelque chose de peu important, il s'est aussi rendu compte que c'était quelque chose de primordial pour lui que de le retrouver à nouveau, même si cela signifiait se battre pour être et rester le meilleur dans le cadre d'une compétition acharnée et d'un univers pyramidal.

Il est, au bout de deux échecs en entreprise, revenu dans un environnement de cabinet qui lui convient, du moins pour l'instant, beaucoup mieux.

Exercice pratique

Dans la liste ci-dessous, vous trouverez une série de qualificatifs qui définissent une ambiance de travail et un style de comportement. Vous allez cocher les qualificatifs qui vous conviennent et que vous souhaitez retrouver.

- ✔ Bon politique
- ✔ Débrouillard
- ✔ Innovateur
- ✔ De bonne humeur
- ✔ Sens de l'initiative
- ✔ Décidé
- ✔ Juste
- ✔ Impliqué
- ✔ Coopératif
- ✔ Professionnel
- ✔ Courtois
- ✔ Spontané
- ✔ Précis
- ✔ Ambitieux
- ✔ Planificateur
- ✔ Organisé
- ✔ Adaptable
- ✔ Calme
- ✔ Soigneux
- ✔ Analytique
- ✔ Intelligent
- ✔ Tenace
- ✔ Créatif
- ✔ Amical
- ✔ Stratège
- ✔ Persuasif
- ✔ Encourageant
- ✔ Ordonné
- ✔ Rigoureux
- ✔ Positif
- ✔ Énergique
- ✔ Enthousiaste
- ✔ Discipliné
- ✔ Inventif
- ✔ Compréhensif
- ✔ Capable de motiver les autres
- ✔ Meilleur dans l'adversité
- ✔ Sait prendre l'initiative
- ✔ Sens des affaires
- ✔ Généreux
- ✔ Capable de dévouement
- ✔ Plein de ressources
- ✔ Sait définir les objectifs
- ✔ Intéressé par les détails
- ✔ Sait reconnaître ses erreurs
- ✔ Aide les autres
- ✔ Sait faire face aux problèmes
- ✔ Attentif aux autres
- ✔ Capable de prendre des risques
- ✔ Digne de confiance
- ✔ Aimant relever les challenges
- ✔ Capable d'une vue d'ensemble
- ✔ Meneur d'hommes
- ✔ Synthétique
- ✔ Capable de se faire apprécier
- ✔ Clair dans ses directives

- ✔ Sait apprécier l'initiative
- ✔ Capable de sens tactique
- ✔ Imaginatif
- ✔ Capable de communiquer
- ✔ Assimilant la nouveauté
- ✔ Ayant le sens des chiffres
- ✔ Ayant le sens de l'esthétique
- ✔ Capable de penser vite
- ✔ Sachant mobiliser une équipe
- ✔ Recherchant la qualité
- ✔ Aimant les contacts
- ✔ Capable de loyauté
- ✔ Plein d'humour

Quels sont les qualificatifs les plus importants pour vous ?

....

Listez-les ci-dessous :

1...

2...

3...

4...

5...

Quelles sont les moins importants pour vous ?

1...

2...

3...

Dans les plus importants pour vous, il vous faudra faire un ciblage en gardant ces critères-là en tête lorsque vous passerez des entretiens pour trouver votre nouveau milieu professionnel. Essayez de vous rendre compte si vous retrouverez cela aux différents niveaux de hiérarchie de personnes avec lesquelles vous travaillerez. Vos supérieurs hiérarchiques bien sûr, mais aussi vos latéraux, vos subordonnés, vos clients et vos fournisseurs.

L'œil du coach

Si vous n'êtes pas sûr de pouvoir vous adapter, prenez le temps de la réflexion, faites du réseau et vérifiez par des mises en situations diverses que vous saurez vous adapter. Rien n'est plus dramatique pour votre CV et votre parcours qu'un ou plusieurs échecs en milieu de parcours. Rien n'est non plus dramatique pour votre moral que des échecs répétés. Il vaut mieux attendre et être sûr de ce que vous choisirez plutôt que de faire des suppositions qui, ensuite, vous conduiront à des déceptions.

4

Respectez votre profil managérial

Dans ce que vous voulez faire dans le futur, il est important que cet équilibre soit respecté. Votre profil managérial n'est absolument pas lié au titre qui figure sur votre carte de visite. Un directeur financier peut avoir un profil d'entrepreneur. Le directeur général d'une business unit peut s'avérer avoir seulement un profil d'organisateur... Parfois aussi vous vous apercevrez que les directeurs commerciaux n'ont pas toujours des profils de vendeurs. Vous pourrez également être amené à vous rendre compte que vous vous étiez trompé sur votre propre type de profil et qu'il est temps pour vous de l'aligner avec votre vie professionnelle. J'ai ainsi observé souvent ces dernières années des vendeurs qui ne supportaient plus la pression accrue qu'ils subissaient du fait de marchés en récession et qui avaient tout d'un coup l'impression de ne plus savoir rien faire...

Votre profil managérial va consister à définir les différents éléments sur lesquels vous allez pouvoir vous appuyer. Il s'agira d'une forme de synthèse entre les différents tests que vous avez pu faire et la liste des motivations sur lesquelles vous avez pu travailler.

L'œil du coach

Cette synthèse est très importante car c'est elle qui vous permettra de rester dans votre zone de confort dans votre milieu professionnel futur. En effet, ce n'est pas la peine de quitter un poste dans lequel vous vous sentez mal à l'aise pour rentrer dans un autre poste dans lequel vous risquez de retrouver le même schéma.

Le tableau de synthèse proposé vous permettra de commencer également à cibler le type d'entreprise dans lequel vous pourriez être amené à travailler. Si vos compétences vous conduisent à faire de l'organisation, il est certain que la taille de l'entreprise que vous recherchez sera relativement importante. Si, d'un autre côté, vous êtes plutôt à la recherche d'innovation, vous pourrez sans trop de problèmes vous retrouver dans une start-up ou la petite business unit d'un grand groupe sans que cela vous pose trop de problèmes.

Si enfin vos compétences sont plutôt la communication et l'animation, il faudra vérifier que votre poste prend bien en compte ces différentes données, quelle que soit la formation que vous avez mise en avant.

Exemple de Bénédicte

Bénédicte, jeune juriste, se sent très mal dans son travail. Elle en est à sa troisième entreprise, elle est, sur le papier, dans une position qui est conforme à son diplôme et à sa spécialisation. Ses horaires de travail souples lui permettent de s'occuper de son enfant en bas âge. Elle a une grande autonomie dans son travail. Elle souhaite un autre enfant.

Néanmoins, elle vient me voir en « mode panique » parce qu'elle vit une grosse crise de motivation. Elle est seule dans son bureau, doit répondre à des questions techniques et donner des avis juridiques sur des problèmes complexes, alors que les deux caractéristiques majeures de son profil sont la communication et l'innovation /création.

Elle ne les réalise absolument pas dans l'exercice de son métier

Résultat : perte de sens, perte de motivation, dévalorisation…

Nous travaillons sur son repositionnement et incluons cette donnée essentielle dans sa recherche. Elle est même prête à laisser tomber l'utilisation de sa formation juridique pourvu que les autres éléments qui lui font défaut dans son poste actuel soient respectés dans son environnement futur.

Synthèse des motivations : exercice pratique

Dans le tableau ci-dessous, vous trouvez quatre caractéristiques qui composent votre motivation. Vous disposez de 8 points et vous devez les affecter aux caractéristiques en mettant une croix dans une des trois colonnes avec l'idée de synthétiser votre motivation globale :

1 (cette caractéristique ne vous attire pas trop) à **3** (cette caractéristique est un moteur pour vous). Vous ne pouvez mettre zéro, et la somme des quatre caractéristiques ne peut dépasser **8**.

	3	2	1
Analyse			
Organisation			
Innovation			
Communication/ Animation			

Cette analyse de votre supra-motivation va vous permettre de savoir quel est votre profil de manager généraliste.

Cela est particulièrement important à respecter, principalement en milieu de carrière pour en planifier la suite.

Êtes-vous avant tout un manager qui organise, un manager qui analyse, quelqu'un qui innove, quelqu'un qui communique ou encore êtes-vous quelqu'un qui a besoin d'un équilibre dans ces différentes dimensions ?

Encore une fois et en prenant le risque de me répéter, cet équilibre est absolument nécessaire à définir tout d'abord et à respecter ensuite pour réussir votre positionnement de seconde partie de carrière.

Cette façon d'exercer votre travail est au moins aussi, sinon plus, importante que votre future définition de fonction.

J'ai ainsi fréquemment l'occasion de rencontrer des personnes en milieu de carrière pour lesquelles le profil de compétences qu'on leur demande au fur et à mesure de leur évolution professionnelle dans la même société n'a plus rien à voir avec celui recherché lors de leurs débuts. Ce passage d'un type de profil à l'autre peut parfois très bien se passer et il sera accompagné par leur entreprise. Dans d'autres cas, cela s'avérera plus compliqué et ils seront complètement perdus en milieu de carrière.

C'est très fréquemment le cas des professions dans lesquelles on demande des spécialistes dans le début de carrière, c'est-à-dire cabinets de conseil, comptables, ingénieurs ou cabinets d'avocats. On demande aux personnes dans un début de carrière d'être très techniques et d'avoir des capacités fortes d'attention aux détails, d'être très organisées, etc. Ces personnes sont évaluées sur leur capacité à mettre cela en place de façon optimale et obtiennent souvent et rapidement de très belles progressions basées sur ces différents éléments.

Mais le jeu va changer au fur et à mesure de leur parcours professionnel où l'on va leur demander de plus en plus de devenir des vendeurs, d'être *a priori* très ouvertes sur l'extérieur, et d'être à l'aise dans des environnements mouvants.

Une analyse de leur style de management peut les aider à comprendre ce qui se passe et faciliter leur repositionnement professionnel.

Les exercices proposés sont simples et frappés au coin du bon sens. Ils vous demanderont toutefois une introspection sans concession et plusieurs heures de travail avant de pouvoir être réellement exploitables.

L'avis de l'expert

« Travailler dans le social business représente-t-il une réponse à une perte de sens ? »

Philippe Peuch-Lestrade[1], administrateur de Positive Planet et de l'AFM-Téléthon

De plus en plus de personnes sont intéressées par l'Économie Sociale et Solidaire (ESS). Elle leur apparaît souvent comme une réponse à la perte de sens qu'elles ressentent dans les entreprises, qui ont tendance, du moins le pensent-elles, à faire fi de l'humain.

Cet entretien va nous permettre d'analyser chacun de ces environnements, ses objectifs, ses règles, ses avantages et ses inconvénients.

Mireille Garolla : En guise de préambule, l'Économie Sociale et Solidaire, qu'est-ce que c'est ? Depuis combien de temps ce secteur est-il apparu et quels sont les différents éléments qu'il recouvre ?

› *Philippe Peuch-Lestrade :* L'économie sociale et solidaire a pour objectif de concilier activité économique et utilité sociale. Nous sommes en période de transition dite de post-croissance. Le point de départ est que la globalisation marchande a montré ses limites avec les crises de 2007-2009. Et le besoin pour chacun de s'éloigner du contexte de la logique de marché, avec des objectifs financier à court terme, est apparu. Face à cela, ce que les gens recherchent, c'est la logique du don. Ils veulent retrouver dans l'échange un enrichissement personnel. C'est la base de ce

1. Ancien associé du cabinet Ernst and Young.

rapport social qui fonde l'économie sociale et solidaire L'univers institutionnel a perdu du sens. Il est légitime de vouloir remettre du sens.

Pour conclure, les gens qui s'engagent veulent remplacer la société du bien par la société du lien. Ils veulent bien vivre en collectivité.

MG : Qu'est-ce qui fait sa « marque de fabrique » et que l'on puisse dire qu'une société, une organisation ou une association en fait partie ou pas ? Qu'est-ce qui les distingue des autres entreprises ?

› *PP-L :* Il y a des définitions. Mais c'est un univers très vaste. L'ESS, c'est 10 % du PIB ; 12 % des emplois du privé ; 230 000 entreprises qui emploient 2 millions de salariés. C'est un univers très dynamique car c'est là qu'il y a la plus grande croissance d'emploi.

La marque de fabrique est aussi dans la loi adoptée récemment. Autour de quatre principes : premièrement, la liberté d'adhésion, une gestion collective (un homme = une voix), une lucrativité limitée ou absente, des fonds propres impartageables. Il s'agit de sociétés de personnes et non de capitaux.

MG : Certains ont parfois des idées préconçues. On entend, par exemple, que le domaine de l'ESS est un secteur moins concurrentiel que l'économie capitaliste ; qu'en pensez-vous ?

› *PP-L :* Il y a une concurrence intra-ESS qui regroupe quatre différentes composantes : les coopératives (principalement le secteur bancaire et la distribution agricole), les mutuelles (domaine de l'assurance), les associations et les fondations. Sur 2,3 millions de personnes salariées, 1,8 millions est dans les associations. Il y a des milliers d'associations, c'est donc très concurrentiel…

Le deuxième élément, c'est la taille du marché, qui est très large. Si on prend en compte les adhésions à une mutuelle de santé, c'est 19 millions d'adhérents, les sociétaires d'une banque coopérative sont plus de 22 millions… Enfin, si l'on prend les adhérents des associations, on a un quart des Français. L'univers est énorme. Et il est très fragile, surtout dans le cadre des associations et des mutuelles.

Les fondations, elles, sont moins fragilisées puisqu'elles sont essentiellement des fondations de grands groupes industriels et de services.

MG : Quelles sont les problématiques spécifiques au fait de travailler dans ce secteur ?

› *PP-L :* La première caractéristique intrinsèque concerne le taux de présence des femmes. Elles représentent 67 % du secteur de l'ESS. C'est plus que dans le secteur privé (40 %) et dans le public (60 %). Les taux de cadres sont supérieurs à ceux du public et privé, enfin, l'emploi à temps partiel est plus important. Autre remarque, ce secteur devrait embaucher, selon le gouvernement, 600 000 emplois d'ici à 2020, notamment grâce au renouvellement de la pyramide des compétences.

MG : Quels sont les critères essentiels pour s'intégrer dans ce secteur ?

› *PP-L :* Dans le secteur d'activité financière et d'assurance ou dans une mutuelle, il n'y a pas de différences, mais, dans les associations, oui. Les associations interviennent dans l'action sociale. C'est le domaine majeur des associations de l'ESS. Il faut être à l'aise avec un univers paupérisé et vieillissant. Il faut un certain mental et un physique résistant. En parallèle, il faut accepter une réduction de rémunération dans un secteur qui offre moins de possibilités d'évolution de carrière que les grands groupes internationaux.

MG : J'observe deux tendances dans mon cabinet. Tout d'abord, une tendance au jeunisme avec l'entreprenariat social qui attire des diplômes de grandes écoles et, ensuite, une tendance concernant les personnes de plus de 50 ans qui se disent qu'elles vont terminer leur carrière dans l'ESS. Que pensez-vous de ces deux phénomènes ?

› *PP-L :* Pour les seniors, je ne suis pas sûr que ce soit une vraie solution. Je vois que les seniors qui s'engagent le font majoritairement en bénévolat. La priorité, c'est l'emploi des jeunes, il faut redonner du sens intergénérationnel. De leur côté, les jeunes doivent se poser une question intelligente : qu'est-ce que je fais de ma vie ? Et cela relève d'une responsabilité morale.

MG : Vous parliez, précédemment, de deux éléments très importants. Vous disiez qu'il y avait une décote quand on fait ce type de choix. Pouvez-vous préciser quelle est la décote de rémunération à laquelle on doit s'attendre par rapport au secteur marchand ?

› *PP-L :* Je dirais qu'il y a une décote de 20 à 25 % sur tous types de poste mais surtout au niveau des cadres et des classes moyennes. Les classes moyennes sont celles qui ont à souffrir de leur engagement militant.

MG : Y a-t-il une différence de motivation entre salariés et bénévoles dans ce type de secteur ?

› *PP-L :* Les bénévoles sont des militants plus que passionnés. Dans les associations traitant des problématiques de santé, les bénévoles sont dans 90 % du temps des familles de malades. Il n'y a pas de limite d'engagement. Chez des salariés, même s'ils sont fiers d'appartenir à une entreprise « charitable », il y a un investissement plus fonctionnaliste. Il existe une deuxième différence concernant les compétences. En tant que salarié, on exige de vous des résultats. Il y a plus d'exigence en termes de performance envers les salariés qu'envers les bénévoles.

MG : Faut-il avoir des managers avec des compétences particulières ?

› *PP-L :* Oui, il faut faire un choix chez les managers. Un vrai entrepreneur est source de succès dans le secteur de l'ESS. Les mots-clés sont donc, avant tout, la compétence, la passion et une direction donnée à son action.

MG : Ce secteur est en pleine mutation. Sous quelle influence et vers quel futur le voyez-vous évoluer ?

› *PP-L :* Le futur est la convergence avec le modèle marchand. L'entreprise sociale et solidaire se professionnalise. On parle par exemple de l'économie positive, qui intègre dans les modes de management beaucoup de social, d'humanité et de relationnel. On voit aussi apparaître l'Économie Collaborative, troisième mode opératoire qui échappe à l'Économie Sociale et Solidaire autant qu'à l'univers traditionnel.

MG : Quel conseil donneriez-vous à quelqu'un qui veut continuer sa carrière dans ce secteur ?

› *PP-L :* Je lui dirais de s'interroger sur l'utilité de sa cible. Il faut qu'elle corresponde à ce que lui entend par « faire sens ». Aussi, je lui conseillerais de ne pas compter sur les autres pour l'éclairer afin de déterminer son propre choix. Cela engage aussi de la passion et le fait de persévérer dans les difficultés afin de ne pas renoncer devant les obstacles.

Partie 4

Reconnecter sa vie

Il s'agit, dans cette partie, d'effectuer une synthèse entre :

- qui vous êtes ;
- ce à quoi vous rêvez ou qui vous rêvez d'être.

La « reconnexion de votre vie » consiste à faire atterrir votre rêve afin qu'il puisse commencer à s'ancrer dans la réalité et à faire peu à peu « bouger les lignes » de la personne que vous êtes et que vous avez appris à connaître pour la faire évoluer, faire changer ses croyances limitantes et la mettre en mouvement vers son avenir.

Petit à petit, au fil de cette partie, nous allons construire ce pont entre votre présent et votre futur. Pour ce faire, nous allons enfin commencer à parler de votre vie professionnelle et nous allons chercher à savoir comment et de quelle façon vous avez déjà parfois eu l'impression d'« accrocher vos rêves ».

1

Des aspirations souvent contradictoires

Un des écueils les plus importants lors d'un repositionnement de milieu de carrière consiste malheureusement à se lancer dans l'une des deux directions suivantes qui sont, en termes de positionnement, aussi insatisfaisantes l'une que l'autre.

La direction de « Je réinvente ma vie »

Dans un premier temps, vous réalisez que vous n'avez jamais fait ce dont vous rêviez et ce qui vous intéressait véritablement ; que c'est réellement le moment de commencer car, ensuite, il sera trop tard.

Vous vous lancez dans une toute nouvelle orientation professionnelle en milieu de carrière. Cela s'appelle quand même un peu : « jeter le bébé avec l'eau du bain ». Dans ce cas-là, les deux choses que vous ne réalisez pas encore et auxquelles vous allez rapidement être confronté sont les suivantes : vous n'avez hélas pas les mêmes capacités pour apprendre que lorsque vous étiez jeune et ce retour sur les bancs de l'école va vous demander un effort intellectuel soutenu, vous allez devoir refaire complètement une courbe d'apprentissage, quasiment à partir de zéro, sur un marché et dans un secteur d'activité que vous ne connaissez pas ; le droit d'entrée sur ce marché sera probablement élevé car les personnes qui y entrent habituellement le font en étant dix ou quinze ans plus jeunes que vous, et donc sont déjà installées avec clientèle et expérience lorsque vous, vous débutez.

La direction de « Il est hélas trop tard pour changer »

Le second écueil est celui du défaitisme. Vous considérez, comme c'est malheureusement le cas souvent en France, que votre diplôme et votre vie professionnelle vous ont emmené vers un certain type de métier, dans un certain secteur et qu'il vous est aujourd'hui impossible, sauf à vous retrouver à la case départ, de faire une réorientation vers quelque chose qui vous conviendrait mieux. Vous décidez donc de « rempiler pour dix à quinze ans » dans le même métier qui ne vous intéresse pas et vous vous résignez donc à être malheureux à peu près 70 % de votre temps de travail.

Quelque part, bien sûr, et comme d'habitude, la vérité et la vraie vie se retrouvent entre ces deux extrêmes. Entre un optimisme béat et un pessimisme à la mode, votre avenir peut quand même être réinventé. C'est votre décision et c'est à vous seul que vous devez la réussite ou l'échec de ce choix.

Je ne suis pas là pour décider à votre place de cette orientation ou du degré de risque que vous choisirez de mettre dans cette nouvelle entreprise. Ce que je peux faire, c'est vous fournir tous les outils pour que vous fassiez ces choix de la façon la plus éclairée possible et en sécurisant le passage d'un univers à l'autre.

La façon la plus simple pour y arriver va consister à analyser votre parcours professionnel et en dégager les éléments favorables et plaisants, ceux que vous vous voulez mettre en avant.

2

Mettez votre vie professionnelle à plat

Cherchez à vous remémorer, année par année, où vous étiez, ce que vous faisiez précisément et les impressions générales qui se sont dégagées de ces périodes. Étaient-elles favorables ? Défavorables ? Quels souvenirs en avez-vous gardés ?

Cette étape de découverte vous semblera, *a priori,* difficile et votre première réaction sera : « C'est impossible, je ne me souviens plus de rien ! » Cependant, si vous persistez dans cette démarche, vous vous apercevrez que tout vous reviendra progressivement en mémoire : les bons et les mauvais moments. Il suffit pour cela de commencer par poser tranquillement sur papier les dates, les entreprises et les fonctions occupées.

Cet exercice risque parfois de vous empêcher de dormir tellement vous serez immergé dans vos anciennes expériences de vie.

Il sera alors très intéressant pour vous d'analyser ce qui faisait que les années concernées étaient porteuses de sens pour vous. S'agissait-il de la mise en place de nouveaux challenges ? Aviez-vous enfin obtenu des responsabilités ? Étaient-elles conformes à ce que vous attendiez ? Quel était l'environnement autour de vous ? En quoi était-il favorable ou défavorable ?

Il est très important de commencer à retrouver ces environnements et ces contraintes et, en mettant ces éléments en phase avec l'analyse de votre fonctionnement, de comprendre ce qui a été marquant pour vous ou pas.

Exercice 1 : votre courbe de carrière

Cet exercice consister, avec du recul, à vous souvenir des événements professionnels passés. Il faudra noter, selon vos souvenirs actuels, si ces périodes étaient très agréables, agréables, désagréables pour vous d'un point de vue professionnel. Je vous demanderai, lorsque les souvenirs vont commencer à affluer, de les positionner sur la grille suivante qui se présente ainsi :

- ✔ les colonnes représentent les années d'exercice professionnel (le tableau ci-après commence en 1986 et se termine en 2015) ;
- ✔ les lignes représentent des pourcentages de satisfaction de 0 à 100 %.

Une fois renseignée, la grille se présente un peu de la façon suivante :

Année	1986	1987	1988	1989	1990	1991	1992	1993	1994	1995	1996	1997	1998	1999	2000	2001	2002	2003	2004	2005	2006	2007	2008	2009	2010	2011	2012	2013	2014	2015
100 %														x	x								x							
90 %													x			x								x						
80 %	x			x								x					x													
70 %			x								x							x				x								
60 %		x																	x						x	x	x			
50 %										x										x										
40 %																					x									
30 %					x				x																					
20 %						x	x	x																				x		x
10 %																													x	

À votre tour…
Sur cette grille, évaluez de 0 à 100 % votre satisfaction professionnelle de ces dernières années.

Année	1986	1987	1988	1989	1990	1991	1992	1993	1994	1995	1996	1997	1998	1999	2000	2001	2002	2003	2004	2005	2006	2007	2008	2009	2010	2011	2012	2013	2014	2015
100 %																														
90 %																														
80 %																														
70 %																														
60 %																														
50 %																														
40 %																														
30 %																														
20 %																														
10 %																														

La première étape va consister à analyser vos souvenirs et à chercher à comprendre, dans les grandes lignes, ce qui faisait qu'une année était favorable, une autre plutôt défavorable, ou que vous avez eu l'impression d'avoir eu une année très compliquée. Cette étape va bien sûr vous amener à trier dans des choses que vous avez faites et dans les environnements dans lesquels vous vous êtes retrouvé pour déterminer ce qui vous a plu et ce qui vous a déplu. Les choses que vous souhaitez retrouver et celles que vous voulez à tout prix éviter. Les mettre à plat sur papier sera quelque chose de très important car cela vous permettra une prise de recul.

Pour tout le reste de la méthodologie, il s'agira de vous concentrer exclusivement sur les moments agréables et les noter sur un carnet. Vous préciserez les points suivants :

- Quels étaient le contexte et l'environnement ?
- Et à quoi êtes-vous arrivé en termes de résultat ?
- Surtout, pourquoi à ce moment de votre carrière, cela a représenté une fierté et quelque chose d'important pour vous ?

Le second aspect sur lequel il convient de s'attarder est la présence de schémas répétitifs dans votre courbe de carrière. Si, par exemple, vos expériences professionnelles se terminent immanquablement au bout de quatre ou cinq ans par une baisse de motivation, cela signifie que les environnements que vous avez expérimentés ne vous ont pas permis de travailler en mode projet alors que c'est quelque chose qui est très important pour vous. Votre profil psychologique ou votre comportement de carrière ne vous permet pas de rester de façon pérenne dans un environnement répétitif. Il faudra donc faire très attention à ce point-là lorsque vous vous retrouverez quelque part ailleurs. La seconde déduction que vous pouvez faire, et même que vous devez faire, est la suivante.

Si, au bout d'un certain temps, le même schéma se retrouve sur la courbe, il ne faudra pas vous bercer d'illusions. Les raisons du changement, quelle que soit la forme qu'elles prennent pour se matérialiser, ne sont pas le fait de votre environnement extérieur.

La véritable raison du changement est en fait en vous et en la nécessité que vous avez, au bout d'un certain temps, de passer à autre chose.

C'est cette variable qu'il faudra prendre en compte pour votre repositionnement professionnel, car celui-ci devra intégrer ce besoin de variété, faute de quoi il se soldera par la chronique d'un échec annoncé. Cet exercice peut encore aller beaucoup plus loin et être complété dans le cas d'un repositionnement complet de carrière, ce que l'on qualifie souvent de « virage à 180 degrés ».

Vous vous êtes tous trouvés (ou vous avez tous rencontré quelqu'un dans votre entourage qui vous en faisait part) à un moment donné dans la situation de l'un des messages suivants.

- « J'en ai assez de servir de fusible. Les missions que l'on me donne sont absolument impossibles. Je veux changer d'orientation professionnelle. Ce travail que je fais depuis plus de vingt-cinq ans, je ne veux plus jamais le faire. »

- « J'étais dans un secteur d'activité donné, celui-ci vit une profonde mutation technologique/économique/est soumis à une nouvelle forme de concurrence… »
- « Ce métier que j'exerçais dans ce secteur depuis plus de vingt-cinq ans n'existe plus. Je n'ai plus aucun avenir professionnel. »
- Ou encore : « J'ai fait ce métier parce qu'il était rémunérateur/pour suivre la tradition familiale/parce qu'il était à la mode/parce que je n'avais pas compris ses tenants et aboutissants… Je m'ennuie depuis plus de vingt-cinq ans, je n'y ai aucun plaisir et je suis aujourd'hui au bord du burn-out. Je ne sais plus ce que je veux, je ne sais plus quoi faire… »

Si vous vous êtes retrouvé dans l'une de ces trois situations, avant de partir élever des chèvres dans le Larzac ou de faire de la peinture sur soie, il y a un certain nombre de choses que vous devriez vérifier. Tout d'abord, si c'est bien un problème profond et pas juste une réaction épidermique par rapport à une difficulté liée à votre environnement immédiat ou à un manque de compréhension de ce qui s'y passe. L'exercice suivant consiste à mettre face à face les choses dont vous rêvez avec la façon dont vous exercez votre métier et les réussites que vous obtenez.

Identifiez vos réussites

En suivant votre courbe de carrière, veuillez noter entre quinze et vingt moments clés de votre parcours professionnel que vous considérez comme des réussites au sens que nous avons défini plus haut. Donnez-leur un titre.

Choisissez ensuite cinq réussites qui concernent votre parcours personnel.

Ces réussites sont des moments où vous avez eu l'impression de réussir quelque chose de spécial dans votre carrière, des moments où vous avez eu l'impression d'avoir des étoiles dans les yeux.

Des moments où vous étiez très fier de ce que vous avez fait et de ce à quoi vous êtes parvenu. Ils doivent impérativement se référer à un moment où vous étiez dans l'action et, à la suite d'une ou plusieurs actions vous êtes arrivé à un résultat intéressant. Ces moments sont des expériences que vous allez *a priori* avoir envie de retrouver dans votre vie professionnelle future. Il s'agit aussi de moments dont vous serez très fier et dont vous aurez envie de parler, à la fois en entretien et en présentation écrite de votre parcours. C'est sur ces réussites que vous allez vous appuyer pour déterminer les choses que vous souhaiteriez retrouver, c'est-à-dire ces grands moments de plaisir dans votre environnement professionnel.

Ces actions, en langage de repositionnement de carrière, nous les nommons les « réussites ». Elles n'ont pas besoin d'être importantes au regard des enjeux business de la société dans laquelle vous travailliez alors. Elles n'ont pas non plus besoin d'être importantes au regard de la personne que vous êtes devenue aujourd'hui, ou du poste que vous recherchez. Il suffit simplement que, à leur évocation, vous avez des étoiles dans les yeux.

Il s'agira ensuite de mettre en valeur ces réussites professionnelles.

Plus vous disposez de réussites, plus vous pourrez orienter votre discours vers des choses dont vous êtes fier et qui vous font plaisir lors d'un entretien. Vous disposerez d'arguments supplémentaires dont l'un risque d'emporter la décision lors d'un entretien.

Inscrivez-les au fur et à mesure de leur retour en mémoire, selon le cadre suivant : société dans laquelle vous vous trouviez, poste tenu, difficulté résolue, raison pour laquelle vous êtes très fier de cette action.

Petit à petit, complétez votre liste avec de nouvelles réussites que vous aviez oubliées.

N°	TITRE DE RÉFÉRENCE	DATE ET LIEU	RESPONSABILITÉ / FONCTION
1			
2			
3			
4			
5			
6			
7			
8			
9			
10			
11			
12			
13			
14			
15			

3

Valorisez vos réussites

Le but est maintenant de mettre en avant les savoir-faire et le savoir-être sur lesquels vous désirez vous appuyer.

En utilisant les résultats de l'exercice précédent, indiquez successivement le poste que vous occupiez et la société pour laquelle vous travailliez lors de cette réussite. Puis, expliquez la problématique que vous avez eue à résoudre, que celle-ci ait été apparente ou pas. En effet, si vous avez, à un moment donné, eu cette impression de réussite ou de satisfaction, c'est en général qu'il y a eu un problème à résoudre. Cherchez bien et vous le trouverez !

Prenez le temps de détailler et de réfléchir aux actions que vous avez personnellement mises en œuvre pour résoudre cette problématique et atteindre le résultat dont vous étiez si fier. Avez-vous commencé par analyser ? Avez-vous dû communiquer avec efficience ? Avez-vous convaincu ou dirigé avec brio ?

Établissez dans quel ordre vous avez mis en œuvre ces actions. Décrivez rapidement la réussite à laquelle vous êtes parvenu, en donnant des métriques. Il pourra, selon la circonstance, s'agir d'unités de temps en mois, de pourcentages, de chiffres en euros. Les indicateurs chiffrés ou les indicateurs de temps donnent plus de force à votre argumentation.

Cet exercice vous permettra de mettre en avant certaines de vos compétences et certains de vos savoir-être lors d'une conversation avec un recruteur. En effet, au lieu de parler de vos qualités de façon générale, vous serez en mesure de donner des preuves de façon très concrète sur ce que vous avancez.

Les secrets du making of

La chose la plus importante lors de l'écriture d'une réussite va probablement vous étonner. Peu importe le contenu de ce que vous allez dire ou de ce que vous allez chercher à raconter, la seule chose qui a une importance réelle lors de cet exercice est son format. C'est-à-dire la structure de votre argumentation : problème – moyens – solutions ; ainsi que le nombre de lignes nécessaires pour délivrer votre message (5 lignes). En effet, cette structure qui, en soi, je le reconnais, est extrêmement rigide vous permettra d'éviter les écueils dans lesquels tombent systématiquement tous les candidats :

- Le fait de se présenter et de présenter ses réussites de façon générale car ils imaginent que ce qui est évident pour eux est également évident pour leur interlocuteur (ce qui n'est jamais le cas !).
- Le fait de se perdre dans les détails lorsqu'ils cherchent à argumenter sur quelque chose pour prouver qu'ils ont réellement fait ce qu'ils disent.
- Le fait de se laisser entraîner par le questionnement de leur interlocuteur sur un terrain glissant.

Les règles d'or

Vous trouverez ci-après les règles d'or de composition d'une réussite.

Le titre doit être bref, astucieux pour être promotionnel, susciter l'intérêt et créer le désir de vous rencontrer.

Le problème doit commencer par un infinitif (organiser..., stopper une régression de CA, etc.), avoir une longueur de 1,5 ligne maximum, définir le contexte en quelques mots.

Commencez **chaque action** par « J'ai » suivi d'un verbe d'action (voir la liste plus loin). Rédigez 4 à 6 actions de 0,5 ligne chacune, qui doivent traduire la stratégie d'approche de la solution.

Exemple

J'ai analysé les 4 stratégies possibles… ; j'ai défini 1 stratégie basée sur 4 critères majeurs ; j'ai posé la dimension du problème (500 M€).

Le résultat : qui doit débuter par un chiffre clé, suivi d'un substantif.

Exemple

+ 30 % de progression du CA en un an avec 3 points de MB en plus ; 20 % de réduction des frais de structure (10 M€).

L'œil du coach

Attention : il convient de mettre en valeur le **pourquoi** de l'action avant le **comment**.

Exemple

J'ai consolidé la cohésion de l'équipe (30 ingénieurs, 5 directeurs de zone) par des réunions à thème (10 fois par an) en rotation de région.
Et non :
J'ai organisé des réunions avec les responsables.

Les réussites font partie des outils de vente et doivent être parfaitement assimilées pour être utilisées avec efficacité. Elles servent lors de l'entretien pour diriger votre argumentation.

Quelques conseils de rédaction

- Quantifier au maximum : indices, pourcentages, temps, délais, charges/hommes, nombre d'articles, nombre de clients, clés de répartition, nombre de sites, taux de régression, taux d'évolution, etc.

- Utiliser les nombres en chiffres : 1 au lieu de un, une ; 2 au lieu de deux ; 3 au lieu de trois, etc.
- Dynamiser le style, en le dépouillant
- Phrases courtes, sans phrases de subordination,
- Suppression des adverbes, des conjonctions (et, ou, or, alors que, etc.)
- Choix d'un vocabulaire et d'expressions percutants (voir liste des verbes)
- Éviter, pour les verbes d'action notamment, la répétition dans une même réussite.

Les verbes ressources

Vous trouverez sur la page suivante quelques verbes d'action qui vous permettront d'enrichir votre style. N'hésitez pas à vous y référer lors de votre rédaction.

Acheter
Achever
Acquérir
Actualiser
Adapter
Administrer
Aider
Améliorer
Analyser
Anticiper
Appliquer
Animer
Apprendre
Approuver
Arbitrer
Assembler
Assumer
Augmenter
Avancer
Calculer
Changer
Chercher
Combattre
Choisir
Commander
Commercialiser
Communiquer
Comparer
Composer
Concevoir
Conclure
Concurrencer
Conduire
Conseiller
Construire
Consulter
Contracter
Contraindre
Contrôler
Convaincre
Créer
Décentraliser
Décider
Découvrir
Définir
Déléguer
Dessiner
Déterminer
Développer
Dialoguer
Diriger
Distribuer
Diversifier
Dynamiser
Écrire
Élaborer
Embaucher
Enquêter
Enseigner
Entraîner

Entreprendre
Équilibrer
Essayer
Établir
Étendre
Étudier
Évaluer
Examiner
Expérimenter
Exploiter
Exporter
Extrapoler
Façonner
Faire savoir
Financer
Former
Fusionner
Gagner
Gérer
Guider
Harmoniser
Homologuer
Imaginer
Implanter
Importer
Imposer
Improviser
Inciter
Informer
Intégrer
Innover
Installer
Instruire
Intéresser
Interpréter
Inventer
Inventorier
Lancer
Licencier
Lutter
Mettre au point
Mettre en œuvre
Mettre en place
Moderniser
Monter
Motiver
Négocier
Normaliser
Observer
Organiser
Obtenir
Orienter
Persuader
Planifier
Préparer
Présider
Prévoir
Produire
Programmer
Projeter
Promouvoir
Proposer
Prospecter
Rationaliser
Réaliser
Rechercher
Recruter
Rectifier
Rédiger
Redresser
Réduire
Réformer
Régler
Renforcer
Renseigner
Rentabiliser
Représenter
Restructurer
Réviser
Sanctionner
Sélectionner
Signer
Solliciter
Souscrire
Stocker
Structurer
Suggérer
Surveiller
Synthétiser
Systématiser
Tester
Transporter
Trier
Trouver
Usiner
Vendre
Etc.

Enfin, ne vous inquiétez pas si, au départ, cet exercice vous demande beaucoup de temps ou si vous n'êtes pas satisfait du résultat.

Vous êtes face à une nouvelle forme de communication, vous allez « apprendre à marcher en marchant ».

Peu à peu, le temps passé à rédiger vos réussites va diminuer de façon importante et vous allez trouver cela de plus en plus facile, voire amusant. Enfin, au bout d'un certain temps, ce type de présentation va devenir quasi automatique et vous apparaître comme une nouvelle façon de penser.

Bref, des réussites vous reviendront à l'esprit au fur et à mesure de vos dialogues et de vos interlocuteurs.

Celles-ci se présenteront un peu comme une bibliothèque de petits livres auxquels vous pourrez vous référer en cas de besoin.

Exemple d'une réussite commerciale

Création d'un réseau de ventes indirectes : un chef des ventes France, dans la Société A, dont l'objectif était notamment de créer une nouvelle structure de ventes indirectes destinée à développer les ventes d'équipements de sécurité.

« J'ai tout d'abord recruté et formé une équipe de 6 commerciaux pour animer les 230 points de vente. J'ai ensuite optimisé la couverture géographique en nommant de nouveaux distributeurs. En moins de 2 ans, 4 millions d'euros de CA ont été générés, avec un résultat opérationnel supérieur à 20 %. »

Exemple d'une réussite de management

Animation d'une équipe de 10 personnes : un chef de rayon, dans la société B, avait comme problématique d'animer, motiver et encadrer une équipe de 10 employés expérimentés.

« J'ai mis en place des présentations, animé l'équipe en organisant des réunions hebdomadaires. Je leur ai confié des missions personnalisées, après en avoir discuté avec eux. Le résultat a été l'obtention d'une équipe efficace, qui s'est montrée force de proposition dans les moments forts de la vie du rayon. »

Exemple d'une réussite dans les ressources humaines

Le président du comité d'entreprise de la société C, par délégation du Senior VP du groupe, devait garantir la qualité des relations sociales en France.

« J'ai changé les pratiques de gouvernance pour introduire plus de transparence et un meilleur équilibre des forces en présence. En 4 ans, j'ai signé une douzaine d'accords d'entreprise dans un climat de confiance avec les partenaires sociaux (intéressement, participation, parité H/F, seniors, articles 83 et 39). »

Exemple d'une réussite de marketing

Développement du trafic sur un site Web : le responsable marketing du site de la société D avait comme problématique de développer le trafic et les revenus du site.

« Dans un contexte où le site était conçu et développé par la direction technique, j'ai pris le lead sur la conception en formant un binôme avec le responsable technique, et en animant une équipe projet pluridisciplinaire. Le trafic du site a été multiplié par 4 en 4 ans en Europe, permettant au site d'atteindre l'équilibre financier. »

Comme vous le voyez, la méthode des réussites peut être déclinée dans toutes les fonctions de l'entreprise et sur tous les domaines d'activité. En outre, nous verrons que cet exercice vous servira de base pour la rédaction de votre CV.

Exercice 2 : l'utilisation de vos réussites

La mise en valeur d'éléments de fierté vous sera utile lors d'entretiens réseau pour illustrer vos propos de façon pragmatique. En effet, il est très facile de prétendre de façon générale que l'on dispose de telle compétence ou de tel savoir-être. Cela ne sera pas retenu par votre interlocuteur, sauf si vous l'expliquez par une réussite qui en illustre les conditions et le résultat.

Pour vous familiariser avec cet exercice, vous pourrez commencer par répondre aux points suivants qui pourront vous servir de guide au début de cette démarche. Dans ce cas-là, il vous suffira de faire la liste de toutes les réussites sur lesquelles vous avez plaisir à parler et d'analyser quels sont les savoir-faire et les savoir-être qu'elles vous permettent d'illustrer.

Si je reprends les réussites citées précédemment, l'analyse pourrait être faite de la façon suivante.

A. Création d'un réseau de ventes indirectes

✔ Compétences (savoir-faire) : formation, analyse, création à partir de zéro

✔ Savoir-être : persuasion, leadership, prise de risque

B. Animation d'une équipe de 10 personnes

✔ Savoir-faire : coordination, planification, animation

✔ Savoir-être : respect des autres, dialogue, management participatif

C. Présidence du CE

✔ Savoir-faire : gouvernance de groupe, technique RH, négociation partenaires sociaux

✔ Savoir-être : ouverture, négociation, gestion d'un groupe

D. Développement du trafic sur un site Web

✔ Savoir-faire : gestion de projet, webmarketing, animation d'équipe transverses

✔ Savoir-être : leadership, communication

4

Déterminez votre profil de forces

À partir des réussites que vous avez rédigées, vous allez maintenant identifier vos qualités professionnelles.

Exercice 1 : Découvrez votre signature

Pour chaque réussite, vous allez balayer les paragraphes d'actions et chaque fois que vous retrouverez, écrite ou suggérée, une des actions inscrite dans le tableau Réussites X Qualités professionnelles de la page suivante, vous allez les inscrire de la manière suivante :

✔ Repérez toutes les actions et les indiquer par un trait.

/

✔ Cochez les 3 qualités les plus importantes mises en œuvre.

x

✔ Enfin, vous crayonnerez la qualité « dominante » de la réussite parmi les 5 qualités disposant d'une croix.

Une fois que cela est fait pour la première réussite, vous renouvelez l'exercice avec chacune des autres réussites.

Une fois toutes les réussites analysées, vous appliquerez le barème suivant pour calculer le score de chaque verbe d'action :

1 trait = 1 point

1 croix = 3 points

1 dominante = 5 points

Enfin vous établirez le classement de la façon suivante.

L'avant-dernière colonne du tableau présente le décompte des points (TOT.), la dernière établit le classement dans l'utilisation des verbes (CLT.).

	1	2	3	4	5	6	7	8	9	10	12	13	14	15	16	TOT.	CLT.
Imaginer																	
Innover				/							/	X		/		6	
Imaginer	/	/			X	/	/		/	/	/	/	/	/	/	14	9
Synthétiser		X	/	/		/		/	/		/	/	X			13	10
Créer																	
Manager																	
Systématiser									/	/	/	/				4	
Planifier	/	X					/	/	/	X	/				/	12	
Administrer						/			/	/	/	/			/	6	
Mener les hommes	**X**	X	X	X	X	**X**	X	X	X	X	**X**	/	/	/	X	45	2
Communiquer																	
Assister										/		/		**X**		7	
Se mettre à la place de										/						1	
Présenter	/	X	/		X	/		/	/		/	/	X		/	17	8
Persuader	X	**X**	X	X	**X**	X	X	**X**	X	X	X	X	**X**	X	X	53	1
Arbitrer	X	/	**X**	X	/	/	/	/	/		/	/		/	**X**	22	6
Résoudre																	
Observer													/			1	
Analyser	/	/		/			/	/	/	/	/	/	/	/	/	12	
Interpréter	X		/	X	/	X	X	X	X	X	/	/	X	X	/	32	4
Trouver des sol.	X	/	X	**X**	X		X	X	/	/	X	**X**	X	X	X	40	3
Produire																	
Ordonner		/				X	X	/	**X**	X	X	X		/	/	23	7
Fabriquer																	
Installer																	
Opérer																	
Entretenir																	
Personnalité																	
Servir																	
Jouer																	
Explorer																	
Relever un défi			X	/		X		X	X		X	X	/	X	X	26	5
Être reconnu																	
Être récompensé																	

	1	2	3	4	5	6	7	8	9	10	12	13	14	15	16	TOT.	CLT.
Imaginer																	
Innover																	
Imaginer																	
Synthétiser																	
Créer																	
Manager																	
Systématiser																	
Planifier																	
Administrer																	
Mener les hommes																	
Communiquer																	
Assister																	
Se mettre à la place de																	
Présenter																	
Persuader																	
Arbitrer																	
Résoudre																	
Observer																	
Analyser																	
Interpréter																	
Trouver des sol.																	
Produire																	
Ordonner																	
Fabriquer																	
Installer																	
Opérer																	
Entretenir																	
Personnalité																	
Servir																	
Jouer																	
Explorer																	
Relever un défi																	
Être reconnu																	
Être récompensé																	

Cet exercice vous permet de déterminer la façon dont vous fonctionnez au quotidien et il est très important que vous en preniez conscience.

En effet, ce n'est pas parce que vous n'avez pas eu certains attributs dans votre fiche de poste ou que vous n'avez pas fonctionné dans un certain type d'environnement que vous ne pouvez pas pour autant démontrer que vous aviez toutes les qualités pour fonctionner de façon optimale dans le type d'environnement que vous recherchez.

C'est cet exercice qui va vous permettre de prendre en considération cette forme de « transférabilité » de compétences d'un milieu à l'autre ou d'un emploi à un autre.

Exemple de Marc

Marc, cadre technique de grands groupes du CAC 40, ayant réalisé sa carrière en France et à l'étranger, avait, avant de se faire licencier par la dernière entreprise pour laquelle il travaillait, toujours eu pour ambition d'être directeur général d'une business unit. Il avait d'ailleurs eu le titre sur base d'un projet, mais celui-ci ayant capoté, il avait été licencié. Il allait voir les cabinets d'*executive search*, les groupes de repositionnement de cadres licenciés ou les cabinets de transition de carrière et tout le monde lui disait qu'il n'avait pas le profil pour survivre dans une PME et qu'il devait entrer à nouveau dans un grand groupe.

Le problème, à son âge, 45 ans, était qu'il n'avait pas d'expérience très forte d'un secteur donné puisqu'il avait plutôt exercé des fonctions support. Il n'était pas en mesure de vendre son expérience telle quelle pour devenir directeur général. Il a donc décidé de faire le grand saut, en ayant toutefois en soin de valider qu'il minimisait les risques, puisqu'il s'agissait cette fois-ci de son argent personnel et parce que le projet comportait également la vente de son appartement parisien et un déménagement de toute sa famille.

Le travail que nous avons effectué ensemble a consisté à valider qu'il pourrait s'adapter dans ce nouveau type d'environnement et à mettre en place une démarche réseau efficace pour voir quel type de PME, soit sous forme de création, soit sous forme de reprise, serait intéressé par le type de compétences qu'il proposait. Il s'est réorienté avec succès vers la cofondation d'une start-up en province. Celle-ci est en forte croissance et a déjà réalisé sa deuxième levée de fonds.

Cet exercice va également vous servir, dans le cadre d'un repositionnement, à vérifier si vous êtes dans un type de fonction qui vous convient ou s'il vaut mieux pour vous envisager un repositionnement professionnel.

L'exercice suivant vous permettra d'aller un peu plus loin.

Exercice 2 : vos dominantes

Vous allez remplir ce tableau comme dans l'exemple ci-dessous.

Motivation	Qualité	Dominante
1 - **Servir**	1 - Persuader	1 - Relever…
2 - Relever…	2 - Mener	2 - Mener
3 - Mener	3 - Trouver	3 - Persuader
4 - Persuader	4 - Interpréter	4 - Arbitrer
5 - Arbitrer	5 - Ordonner	5 - Trouver
6 - Trouver	6 - Relever…	6 - Présenter
7 - Présenter	7 - Arbitrer	7 - Innover (imaginer)
8 - Innover	8 - Présenter	8 - Systématiser (ordonner)
9 - Récompenser	9 - Imaginer	9 -
10 - Systématiser	10 - Synthétiser	10 -

✔ Dans la colonne « Motivation » vous inscrivez vos motivations dans l'ordre où elles ont été hiérarchisées (voir rubrique « Motivations »).
✔ Dans la colonne « Qualité », vous inscrivez par ordre de classement vos qualités professionnelles issues du tableau « réussite x qualité professionnelle » de la page précédente.
✔ Dans la colonne « Dominante », vous inscrivez toutes les qualités de la colonne « Qualité » pour lesquelles vous trouvez une correspondance dans la colonne « Motivation ».
Vous allez ainsi déterminer ce que vous savez et aimez faire.

Motivation	Qualité	Dominante
1	1	1
2	2	2
3	3	3
4	4	4
5	5	5
6	6	6
7	7	7
8	8	8
9	9	9
10	10	10

L'étape suivante consistera à analyser le degré de concordance entre vos motivations et les qualités professionnelles dont vous avez fait preuve.

- Si sur dix verbes d'action sélectionnés dans l'une ou l'autre colonne, vous en avez huit qui sont identiques, la conclusion évidente qui s'impose est que vous êtes dans un type de poste qui vous convient parfaitement. Il faudra juste vérifier que la façon dont vous l'exercez, c'est-à-dire le type d'environnement choisi, vous conviendra également car on peut en déduire que vos difficultés dans votre dernier poste proviennent principalement de là.

Il suffira alors de garder en mémoire tous les résultats des tests de personnalité que vous avez fait lors des premiers chapitres et vérifier, pour les questions à poser lors d'un entretien, que ces critères seront bien respectés dans votre environnement professionnel futur.

- Si vous êtes à moins de 50 % de conjonction, cela veut dire que, quelle que soit la réussite à laquelle vous êtes arrivé, vous maintenir dans ce type de métier vous demande beaucoup trop d'efforts et que vous ne pouvez pas continuer sur le long terme. Vous êtes typiquement dans un cadre de repositionnement complet. Il va alors falloir faire l'exercice en allant chercher dans vos réussites personnelles et dans vos hobbies des choses dont vous êtes fier et sur lesquelles vous devriez pouvoir vous appuyer.

Ces choses-là sont aussi présentables dans un entretien réseau que sur un CV qui sera laissé à votre interlocuteur.

C'est cette analyse de votre profil qui vous permettra de travailler sur les différents éléments de votre positionnement. L'analyse du profil de force se fera d'abord de façon professionnelle et ensuite de façon itérative en incluant les éléments de votre vie personnelle. En effet, si lors de la détermination de votre profil de force vous êtes à plus de 70 % de concordance entre ce que vous voulez faire et ce que vous pratiquez dans votre métier de tous les jours, vous ne vous êtes pas trompé de voie. Si vous vous rendez compte que vous êtes à 70 % de vos motivations, il est alors plutôt bien de considérer que « le mieux est l'ennemi du bien » et que chercher la perfection, comme souvent, conduirait à un échec. Il convient alors de poser son stylo et de se demander ce qui n'a pas marché dans le ou les derniers jobs. S'agit-il de l'environnement qui n'était pas conforme à ce dont vous aviez besoin pour fonctionner de façon optimale ? Si tel était le cas, qu'auriez-vous pu faire pour vous y adapter ? Était-ce plausible et faisable ? Fallait-il que vous en partiez et recherchiez le même poste dans un environnement plus favorable ?

Il faudra juste probablement adapter votre atterrissage en tenant compte des tests et de votre rêve pour que le milieu dans lequel vous l'exercerez vous convienne un peu mieux que celui dans lequel vous êtes aujourd'hui. L'ajustement à effectuer pour que votre environnement futur soit mieux adapté à vos besoins et à vos aspirations peut consister en quelque chose de très simple. Il peut s'agir, par exemple, de changer de taille d'entreprise : passer d'un univers de grands groupes avec des politiques corporates strictes vers celui de sociétés plus petites laissant plus de place à l'initiative ou à l'autonomie. Il peut s'agir aussi, après une expérience de démarrage de société qui vous a demandé beaucoup d'efforts, de décider de valoriser cet acquis au sein d'un groupe qui vous fournira le confort de services support. Dans tous les cas, il est important de vérifier par des entretiens réseau que ce que vous détectez dans votre milieu professionnel d'arrivée est en phase avec ce que vous en attendez.

Exemple de Fabienne

Fabienne est venue me voir quelques années après avoir abandonné une vocation religieuse. Cette décision, mûrement réfléchie, avait représenté pour elle un déchirement et elle avait réellement du mal à trouver une place qui lui convienne dans le monde de l'entreprise. Son repositionnement était d'autant plus compliqué que les seules expériences qui l'avaient vraiment marquée et dont elle était fière s'exerçaient dans les domaines religieux et associatifs.
Nous avons travaillé ensemble et construit un CV et un discours qui s'appuyait principalement sur ses qualités, ses valeurs et ce qu'elle avait été amenée à faire dans un environnement professionnel, mais aussi pendant son temps libre, ses hobbies et ses différents engagements associatifs. Elle a eu une poste de transition dans un domaine qui l'intéressait et est aujourd'hui DRH d'un groupe de 800 personnes.

En dehors de ce cas remarquable, cette analyse de la comparaison entre les motivations et le savoir-être/savoir-faire m'a également souvent permis d'éviter à mes clients de faire des virages très importants « sur un coup de tête ».

Le « problème » vient-il de vous et du fait que vous avez refusé de voir les forces qui étaient en présence dans votre environnement ? N'avez-vous pas compris la définition de votre rôle ? Que feriez-vous de différent aujourd'hui si vous vous retrouviez dans la même situation ?

J'ai souvent le cas de clients qui se rendent compte qu'on ne leur avait pas donné toutes les règles du jeu. Lorsqu'ils le réalisent ou l'acceptent, ils sont alors à même de faire des choix et peuvent s'engager ou se réengager dans la même entreprise avec une nouvelle façon de jouer, les arbitrages ayant été faits au préalable.

Maintenant que nous avons déterminé votre « profil de forces » ou, dans le langage concret, ce que vous aimez faire et ce que vous voulez faire, il est très important que votre présentation, à la fois sous la forme écrite et sous la forme orale, soit au service de votre objectif.

L'œil du coach

Votre CV et votre présentation devront bien sûr tenir compte de tous ces éléments pour vous permettre de vous repositionner. Il sera un CV de choix et présentera les choses que vous voulez mettre en avant en fonction de votre cible de repositionnement à atteindre.

5

Déterminez vos piliers de vie

Lorsqu'une personne se trouve en période de transition, elle est, par essence, en train de vivre un déséquilibre et ses besoins non satisfaits apparaissent de façon criante. Même si mon travail se situe dans le domaine professionnel, il est très important pour moi de tenir compte de ce facteur.

L'estime de soi est également atteinte par le processus de sortie de l'entreprise, qui se passe en général de façon traumatique. Il peut donc être nécessaire d'effectuer un ancrage sur la pyramide de Maslow afin de restaurer celle-ci le plus rapidement possible.

La période de faible estime de soi que mes clients traversent peut être résumée comme suit : quelle qu'ait été sa situation professionnelle précédente, mon client se retrouve alors dans une position d'autocritique importante. Il développe une hypersensibilité qui fait qu'il se sent facilement attaqué, même par des remarques anodines. Tout cela se traduit par une indécision inhabituelle. Il recherche la perfection, a peur de mal agir et bloque les prises d'initiative. Cela s'accompagne généralement par une envie envers les autres et un pessimisme très fort quant à ses propres capacités et à son avenir.

La pyramide peut se visualiser de la façon suivante :

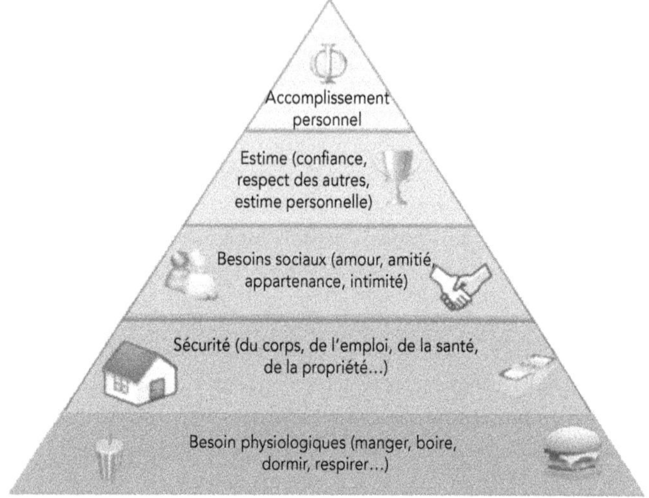

En général, tous les étages de la pyramide de Maslow sont touchés par cette situation.

- La personne se retrouve avec des **problèmes alimentaires** ; soit trop de nourriture, car celle-ci jouera le rôle d'un aliment de confort, une autre réaction sera exactement le contraire et son estomac sera trop noué pour pouvoir avaler quoi que ce soit. Le corps est également tendu et cela se traduit par des difficultés de respiration et par un blocage du diaphragme. Elle a du mal à dormir la nuit car elle se pose des questions auxquelles elle ne peut pas répondre sur son avenir ou encore ressasse tout ce qu'elle aurait dû faire différemment par le passé.
- **La sécurité** est également un problème. Avec la perte d'emploi arrive en général la peur de l'avenir, la peur de manquer financièrement, le fait de ne pas arriver à retrouver un poste, le fait de ne pas pouvoir faire face aux différentes échéances d'emprunt de la résidence principale, de la résidence secondaire, celles relatives au maintien du niveau de vie telles que les vacances, les sorties, etc.

- **Les besoins sociaux** sont aussi largement écornés et se trouvent réduits au minimum. Très souvent l'entreprise servait de cercle d'appartenance et d'univers de socialisation. La personne lui a en général tout donné et n'a pas eu le temps de cultiver d'autres amis en dehors de ce cercle professionnel restreint, qui tout d'un coup s'écroule. Si cette période suit une période extrêmement tendue à l'intérieur de l'entreprise, il n'est pas rare que cela se traduise par des problèmes dans le couple car le rapport sur lequel celui-ci était fondé se trouve d'un seul coup totalement déséquilibré en termes d'attentes réciproques.
- **L'estime de soi,** et l'estime des autres, est détruite puisqu'il n'est pas rare que tout cet épisode ait commencé par du harcèlement. Le rapport de confiance vis-à-vis de soi et vis-à-vis des autres est alors rompu.
- **L'accomplissement personnel** ne vaut même pas la peine d'être mentionné, puisqu'il ne peut s'exprimer qu'une fois les autres étages de la pyramide établis et stabilisés.

Même si la hiérarchisation des besoins de Maslow est largement remise en cause, on peut s'y référer afin de rendre l'exercice plus pratique. L'équilibre de la personne ayant été déconstruit par des attaques répétées sur la partie haute de la pyramide, cela a engendré une déconstruction de l'ensemble des besoins, allant jusqu'à remettre en question les équilibres de base, il doit être possible de rebâtir l'estime de soi, c'est-à-dire le haut de la pyramide, en travaillant sur la reconstruction de ces besoins et en partant du bas de la pyramide.

La problématique

Dans mon cabinet, le but consiste alors à recréer un environnement où chaque personne ait la possibilité de retrouver des valeurs ou des ancres qui lui permettent de se reconstruire.

Il s'agit de reconstruire sur le versant de la vie privée ce qui a été enlevé par le domaine professionnel. On peut se référer pour cela au schéma ci-après.

Besoins propres au monde occidental.

1. Pyramide particulièrement intéressante pour le monde du travail
2. Les humains ne ressentent l'apparition d'un besoin supérieur que lorsque le besoin actuel est relativement satisfait.

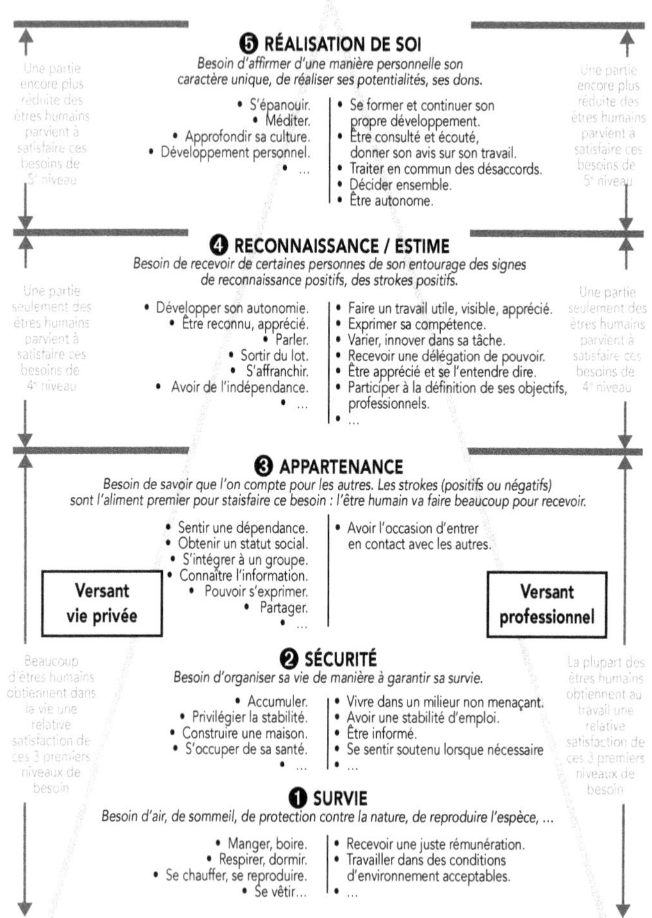

Time Management. Pyramide des besoins de Maslow

Je commence tout d'abord mon travail lors des premières séances de coaching individuel par une sorte de check-list, un peu comme le ferait un médecin. Il s'agit de déterminer quelle est la qualité du sommeil de mes clients, s'ils ont une activité sociale, comment ils se sentent à ce moment-là de leur vie, je leur demande aussi s'ils présentent des somatisations physiques, s'ils font du sport, etc.

La première étape consiste simplement à faire une vérification du système en les mettant en état de conscience par rapport à l'existence de ce système lui-même. L'idée n'est pas de leur prodiguer des conseils mais de les faire réfléchir sur eux-mêmes plutôt que sur leur problématique professionnelle.

Dans une seconde étape, je leur propose une participation tout à fait optionnelle à des ateliers. C'est-à-dire que ce sont eux qui déterminent s'ils en ont besoin, s'ils en ont envie. Ces ateliers sont animés en petits groupes.

Ils sont présentés comme des ateliers de découverte de choses qu'ils ne connaissent pas et qu'ils pourraient avoir envie d'explorer. Ils peuvent également être présentés comme des ateliers pratiques au cours desquels des règles d'hygiène de vie très simples leur seraient rappelées.

- **Manger, boire et respirer** sont des besoins adressés respectivement par un diététicien, un naturopathe et un sophrologue, ainsi que par une hypnothérapeute. Il s'agit de les faire réfléchir et leur faire prendre conscience de l'importance de ces équilibres et de ces déséquilibres.
- La mise en place d'ateliers adresse aussi le problème **d'appartenance à un groupe** où ils peuvent échanger à nouveau sur un thème donné (celui qui est proposé en l'occurrence), mais aussi en dehors du thème.
- Le sujet de **la reconnaissance et de l'estime de soi** est plutôt abordé lors de séances de coaching individuelles. Au cours de celles-ci ils travaillent sur leurs réalisations, sur ce qu'ils ont réussi

dans les différents domaines professionnels. Les échecs ou les raisons de ces échecs ne sont jamais abordés afin qu'ils fassent peu à peu le deuil et la part des choses entre ce qui leur est imputable et ce qui provient de leur environnement extérieur et dont on leur a affublé la responsabilité... en général il y a un large écart !

- Enfin, la **réalisation de soi** est atteinte lorsqu'ils sont amenés à prendre la parole dans un atelier où eux-mêmes expliquent quelque chose qu'ils ont réalisé, un secteur qu'ils connaissent ou une problématique qu'ils ont résolue.

L'étape de l'ancrage

Une fois qu'ils ont pris ce dont ils avaient besoin dans les différentes étapes de cette pyramide, je sais, par expérience, qu'ils peuvent commencer à sortir pour aller trouver du travail. En effet, à ce moment-là tous les fondamentaux sont remplis d'un point de vue personnel, cela leur sert de pont et ils peuvent passer à la réalisation de quelque chose de nouveau dans leur domaine professionnel. La passerelle a été mise en place et fonctionne !

Le temps nécessaire dépend de chaque individu et de ce dont il a besoin sur chaque étage de la fusée. La seule certitude, c'est que lorsque mes clients sont arrivés au dernier étage, quel que soit l'état du marché du travail, ils trouvent en général rapidement une proposition d'embauche.

Le retour à l'emploi

Le fait de trouver ou pas un travail n'est pas une question de marché, c'est avant tout une question d'attitude. C'est sur ce positionnement que je travaille avec eux afin qu'ensuite ils puissent dérouler les techniques de recherche d'emploi sur des bases saines.

Une bonne estime de soi rend possible une recherche d'emploi car ils sont sûrs de leurs propos et de leurs principes et peuvent donc plus facilement faire face à l'adversité. Ils ont la capacité d'aller de l'avant sans trop se préoccuper du passé ou de l'avenir. Parce qu'ils sont plus sûrs d'eux, ils peuvent être à l'écoute des autres et accepter leurs différences. Ils sont également moins sensibles à la manipulation et sont donc à nouveau capables de faire des choix sains.

L'œil du coach

Le fait de trouver ou pas un travail n'est pas une question de marché, c'est avant tout une question d'attitude.

Je me suis rendu compte que l'interaction entre le monde du travail et leur monde personnel était un peu comme celle entre le corps et l'esprit ; quand une voie d'entrée ne fonctionne pas, il est tout à fait possible d'utiliser l'autre. La restauration de la bonne estime de soi se retrouve accélérée par la mise en place de tous ces stabilisateurs.

J'espère toujours que cet épisode leur permettra dans le futur de ne pas retomber dans leurs errements passés mais en tout cas cela leur permet de passer sereinement les premiers quatre-vingt-dix jours de leur prise de fonction, ce qui représente déjà un formidable acquis.

Ce que je fais avec mes clients dans le cadre de mon cabinet est quelque chose que vous pouvez faire chez vous.

Cela vous demande un peu plus de motivation parce que vous ne serez pas soutenu par une structure de coaching qui va suivre vos progrès au jour le jour. Néanmoins, vous disposerez de la liberté d'explorer sans limite, même des sujets auxquels mon cabinet n'avait pas pensé. Il suffit que vous vous donniez l'autorisation de le faire.

Vous ne pouvez pas imaginer le plaisir et la régénération que vous trouverez dans ce nouvel exercice de découverte du monde.

L'avis de l'expert

La reprise d'entreprise, un rêve devenu réalité

Jean-Pierre Robin, du CRA[1], et Grégoire Cabri-Wiltzer, repreneur de la société de management de transition NIM Europe

De nombreux cadres pensent ne plus pouvoir évoluer en tant que salariés et recherchent une entreprise à reprendre, afin d'être plus à même de diriger selon leurs valeurs et de ne plus dépendre de décisions d'autrui.

Mireille Garolla : Comment évolue aujourd'hui le marché de la reprise d'entreprise ?

› *Jean-Pierre Robin :* Le marché semble gigantesque. Oseo annonce 230 000 entreprises de 5 à 100 salariés. Mais la réalité est nettement plus étroite : les entreprises susceptibles d'être transmises sont plutôt au nombre de 15 000. Parmi ces transmissions, il y a des cessions internes (au personnel ou à la famille, entre filiales) et un certain nombre de disparitions d'entreprise (25 % de l'ensemble). Il reste 6 500 entreprises réellement transmissibles à l'extérieur. C'est la raison pour laquelle, si on veut reprendre, il faut être meilleur que les autres.

MG : La crise de 2009 a-t-elle eu un impact sur le prix de valorisation des entreprises ?

› *J-PR :* Certains chefs d'entreprise mal conseillés par des experts-comptables n'ont pas adapté leur valorisation. Dans ce cas, le

1. CRA : Cédants et repreneurs d'affaires, association d'accompagnement à la reprise.

marché reprend ses droits. Le prix du marché peut se résumer à la capacité de l'entreprise à satisfaire les critères que les banques imposeront pour faire des prêts.

› *GC-W :* La demande grandit car de nombreux cadres dirigeants en ont marre des conflits politiques et souhaitent être plus opérationnels. Mais, sur le prix, il y a des standards économiques, on achète x fois l'EBIT ou le résultat.

MG : Quels sont les profils de personnes que vous voyez arriver sur le marché de la reprise ?

› *J-PR :* De nombreux dirigeants de groupes se tournent vers la reprise d'entreprise ; par conséquent, la qualification des demandeurs a aussi augmenté. Le marché les oblige à commencer par des entités de taille modeste. Mais celui qui reprend à 45 ans, âge moyen des repreneurs, reprendra au moins trois entreprises en moyenne.

MG : Y a-t-il une corrélation entre le diplôme et le succès d'entreprise ? Existe-t-il certains profils pour lesquels vous déconseilleriez une reprise ?

› *GC-W :* C'est surtout l'expérience qui compte et permet d'être aguerri. On utilise tout ce qu'on a appris. Vous me demandez à qui déconseiller ? Je vais répondre de manière inversée, je dirais qu'il faut avoir les reins solides et le cœur bien accroché. Il faut ne pas avoir peur, être passionné, aguerri, technique et construit.

› *J-PR :* Il n'y a pas de corrélation directe entre le niveau de diplôme et le succès de la reprise. Et j'ai vu beaucoup de numéros 2 de grands groupes être incapables de reprendre une entreprise et même de gérer une petite entité. Un chef d'entreprise doit avoir un rêve, une vision, et savoir la communiquer clairement à son personnel, à ses clients et aux fournisseurs.

MG : Avez-vous des exemples de réussite éclatante ? Qu'est-ce qui fait que cela a particulièrement bien marché ?

› *GC-W :* L'aspect commercial est clé dans la reprise d'entreprise. Quand on achète, on achète un résultat. Et le multiplicateur ne viendra que du développement commercial. Mais il faut savoir accepter et profiter d'une phase de consolidation qui peut être de deux ou trois ans. Donc il y a une chose à ne pas faire, c'est de tout casser.

› *J-PR :* Reprendre ou créer une entreprise, ce n'est pas différent. C'est toujours entreprendre. Et, ce qui me frappe, c'est que les repreneurs partent d'une base solide et d'une vision pour en faire quelque chose. Mais la plupart de ceux que j'ai accompagnés pensaient pouvoir développer et construire relativement rapidement. Or je suis d'accord avec Grégoire : il faut du temps pour analyser sans révolution et préparer une évolution positive.

MG : Qu'est-ce qui vous permet de valider une adéquation homme-projet ? Ou pour Grégoire, plus spécifiquement, parmi tous les dossiers vus, qu'est-ce qui a fait que vous vous êtes dit : « Là j'y vais et je vais réussir » ?

› *GC-W :* D'abord j'y suis allé car je pensais que j'allais réussir. Sans cette conviction dans son for intérieur, il ne faut pas y aller. Je savais que j'allais évoluer vers les RH et le conseil. Cette entreprise correspondait à mes valeurs. Et elle me permet aujourd'hui de faire un métier que j'aime. Donc je ne suis pas en décalage intellectuel et moral. Pour moi, ce n'est pas une affaire financière de reprendre une entreprise. C'est faire ce que j'avais envie de faire.

› *J-PR :* J'ai accompagné Daniel Porte qui avait conduit sa carrière dans l'univers du luxe. C'est le patron cédant des chaussettes Monnet qui est venu le chercher parce qu'il souhaitait une évolution de ses produits vers du haut de gamme. Daniel Porte a continué cette idée et se développe aujourd'hui de façon formidable.

Partie 5

Donner du sens à son parcours

Ces étapes de préparation étant terminées, vous avez commencé à rêver votre vie, vous avez commencé à retrouver en grande partie cette estime de soi qui vous faisait défaut, il est temps d'avancer, de sortir de votre bulle, pour commencer à construire réellement votre vie et à la prendre en main.

Il ne s'agira surtout pas ici de faire une mise à plat de votre passé avec une présentation des différentes choses que vous avez réussies dans votre vie professionnelle, de ses transitions et des raisons pour lesquelles vous avez dû les faire. Cela, c'était bon lorsque vous étiez jeune et qu'il s'agissait de faire des mini-transitions professionnelles. Cela convenait pour vos deux ou trois premiers postes.

Vous étiez alors en phase d'apprentissage. Votre but professionnel était *a priori* relativement simple. Il consistait à avoir plus de responsabilités, gagner plus d'argent, apprendre plus de choses et, par là même, à élargir votre spectre de compétences.

Cette fois-ci, l'enjeu est différent : vous vous êtes prouvé ce dont vous étiez capable, vous commencez à avoir une idée de vos limites ; vous savez ce que vous aimez faire et ce que vous ne voulez plus faire… et, enfin, vous commencez à avoir une idée de là où vous voulez aller.

Il n'est donc pas question pour vous de faire un copier-coller de vos expériences passées. Cela aurait pour conséquence de vous enfermer définitivement dans le sillon de votre expérience passée, ce qui n'est pas forcément ce vers quoi vous souhaitez vous diriger dans l'avenir.

En effet, si vous présentez dans votre CV, discours... (bref, lorsque vous présentez votre parcours), tout ce que vous avez fait, même si vous vous attachez à en montrer ce qu'il est de bon ton d'appeler des « réalisations probantes », on vous embauchera à nouveau pour ce que vous savez faire et ce que vous avez réussi, que cela vous plaise ou non !

L'exercice auquel nous allons nous livrer dans cette partie va donc être relativement subtil. Il va tout d'abord consister à déterminer ce que vous aimez faire et sur lequel vous pouvez présenter des réussites... et, ensuite, vous présenter de façon à être crédible sur ce sujet.

Pour la détermination de la première partie, qui est très souvent la plus compliquée en milieu de vie professionnelle, nous allons bien sûr nous appuyer sur le travail effectué préalablement, qui prendra alors ici tout son sens.

Dans ma méthodologie de repositionnement, j'appelle cela partir à la recherche de votre ADN, ou « définir votre signature ».

Mes clients sont, en effet, en très grande majorité des cadres de direction dont le rôle est de définir une stratégie, mettre en face les moyens et veiller à sa correcte application. Qu'ils aient une base financière, d'ingénieur ou commerciale, ce qu'ils ont commencé par faire en début de carrière importe peu. Ce qui est important pour leur repositionnement futur c'est la façon dont ils gèrent aujourd'hui tout ce qu'ils ont appris et la façon dont ils l'exercent au quotidien dans l'exercice de leur pratique.

C'est ce savoir-être au quotidien que je vous propose d'explorer maintenant. Le but est de découvrir votre signature managériale et la présenter à vos interlocuteurs à l'écrit et à l'oral.

1

Le « CV de repositionnement »

Envisageons tout d'abord un outil très utile lors de la recherche d'emploi, le CV. Commençons par quelques généralités... Le CV est la chose la plus commentée par les chasseurs de têtes et amis. En effet, une bonne revue de CV peut leur permettre de s'en sortir la tête haute lorsqu'ils n'ont pas les moyens de vous aider. Ils vont alors le critiquer en détail et vous expliquer tout à fait logiquement pourquoi vous n'avez pas encore trouvé d'emploi alors que votre expérience professionnelle est bonne.

Ils auront parfois raison sur l'analyse et parfois tort. Mais le plus important à retenir est que malgré le temps qu'ils auront passé à vous donner des conseils, vous n'en serez pas plus avancé dans votre recherche d'emploi. Parallèlement, votre CV n'en sera malheureusement pas meilleur.

Au bout de quelques mois, à force de conseils de personnes qui vous diront de peu à peu rogner toutes les aspérités et les éléments qui pourraient faire peur à un recruteur, ou vous faire discriminer, vous arriverez à un CV passe-partout. C'est le second effet pervers des « bons conseils ». Votre CV expurgé de toute originalité passera directement de la boîte de réception à la poubelle de la plupart de vos interlocuteurs.

Je peux vous citer, en exemple, le cas d'un de mes clients. Il bénéficiait d'un parcours exceptionnel : grand sportif sélectionné en équipe de France, pilote d'avion privé, double formation d'avocat et d'école de commerce, ayant travaillé en France et à l'international sur des postes de business développement ou des postes opérationnels dans des cas de restructuration.

Lorsqu'il est venu me voir, son CV avait occulté tous ces points et ressemblait à peine à celui d'un contrôleur de gestion de cinq ans d'expérience professionnelle. Il était en recherche d'emploi depuis plus de trois ans, ce qui ne m'a pas particulièrement surpris. Il est évident qu'il n'a retrouvé un emploi qu'à l'issue d'une complète modification de ce document.

En vous expliquant comment la plupart des candidats construisent leur CV, vous serez en mesure de comprendre comment celui que je vous propose vous permettra de faire la différence sur un marché de crise.

Commençons tout d'abord par une revue rapide des bons conseils qui sont généralement donnés, ainsi que des réflexes que vous avez de façon automatique lorsque vous commencez à écrire un CV.

Un exemple classique sera par exemple celui d'un directeur financier, qui écrira sur son CV :

- Gestion de la trésorerie
- Supervision de l'arrêté des comptes des sociétés du groupe
- Mise en place d'un reporting aux normes internationales et déploiement d'un ERP

C'est un bon début, mais c'est loin d'être suffisant ! En effet, on peut s'attendre à cela de la part d'un directeur financier de groupe de taille moyenne. En revanche, il n'y aura aucune indication sur ce qui fait la particularité de ce candidat ou sa différence avec les autres.

L'œil du coach

J'appelle ce format le « CV type APEC » (sans que cela soit un jugement négatif). Il met en avant une liste de tâches maîtrisées qui permet facilement de faire la comparaison entre le profil du candidat et une définition de fonction. Cette façon de faire n'est pas inintéressante, mais elle n'est pas convaincante en période de crise.

Construisons ensemble un autre type de CV. Je vous propose à cet effet une démarche en deux étapes.

Identifiez vos réussites

Recensez toutes les réussites que vous avez préalablement identifiées

Pour rappel, on appelle réussite les moments où vous vous êtes senti très fier de votre action face à une problématique. Il s'agit maintenant de positionner ses réussites, en format abrégé et concret, à l'intérieur des plages d'activité délimitées par vos différentes fonctions. Pour cela, il vous suffira de vous référer aux réussites en 5 lignes que nous avons travaillé dans la partie 4 et d'en faire un résumé sous la forme de 2 ou 3 lignes au maximum, en expliquant la réussite et en la remettant dans son contexte pour expliquer pourquoi, à ce moment donné de votre carrière, elle était intéressante.

Contrairement au format précédent qui consistait à utiliser des verbes d'action pour dynamiser votre discours, nous appliquerons cette fois-ci les règles de présentation du CV en français et nous utiliserons le substantif.

Voici quelques exemples tirés de l'expérience de mes clients. Prenons notre directeur financier :

- Gestion de la trésorerie deviendra :
  Gestion de la trésorerie : mise en place d'un suivi des flux de trésorerie. Négociation des volumes et des conditions des lignes court terme. Optimisation de 2 M€ de placements à court et moyen terme qui a permis à la société un gain de XX de produits financiers.
- Supervision de l'arrêté des comptes des sociétés du groupe deviendra :
  Remplacement du chef comptable moins de 4 mois avant la sortie du bilan : les travaux furent réalisés et dans les délais impartis. Clôture des comptes réalisée à M+1.

- Mise en place d'un reporting aux normes internationales et déploiement d'un ERP deviendra :
  Création en 3 semaines d'un modèle fonctionnel et fiable de projection de cash-flow et de calcul de rentabilité adaptable à tout type de structure en dette et en capital.
  Ou :
  Planification et mise en place d'un ERP. En 6 mois, installation du pilote sur une unité française et déploiement en France et en Italie.
  Ou encore :
  Mise en place de Cognos : interface entre utilisateurs et informaticiens. Création du modèle de reporting souhaité, qui est utilisé depuis 6 ans par tous les financiers de GE.
- On pourra même ajouter quelque chose qui n'était pas indiqué du type :
  Contrôle fiscal : face au risque majeur identifié (3 M€) de requalification d'un montage fiscal, préparation et communication des réponses au contrôleur. Redressement limité à 43 K€.

Équilibrez votre CV

Mesurez l'équilibre global de votre CV

Il s'agit de s'assurer que chaque expérience est valorisée à son maximum d'intérêt et de cohérence dans l'épisode.

Toujours dans le cas de notre directeur financier préféré, il est évident que s'il a changé plusieurs fois de poste dans sa carrière, mais qu'il est toujours resté dans cette fonction, il aura par exemple fait plusieurs fois de la mise en place de reporting ou du système d'information. Il conviendra alors de savoir à quel moment et combien de fois ce type d'expérience devra être mentionné dans son CV.

La détermination devra se faire au cas par cas et tenir compte de la difficulté ou de l'impact de cette mise en place, ou encore de l'intérêt que cela représente dans sa carrière.

Était-ce la première fois ?

Est-ce quelque chose qui ne dépendait pas de son périmètre de fonctions ?

Vérification finale

Enfin, la dernière étape consistera à faire une vérification finale.

Par rapport à toutes les fonctions qu'un directeur financier est censé assumer, il s'agira de vérifier que celles-ci ont bien été toutes couvertes au cours des différents postes de sa carrière. L'important n'est plus ici de valider que vous avez tout fait lors de votre dernier poste, mais que ces différentes fonctions ont bien été couvertes à un moment donné. Enfin, vous mettrez l'accent sur votre dernier poste, en fournissant plus de détails.

L'avantage de mettre en place ce type de CV est qu'il montrera deux choses à la fois :

- tout d'abord, il illustre de façon vivante et concrète, avec preuves à l'appui, que vous avez bien fait, et avec succès, ce que vous prétendez avoir fait ;
- ensuite, il vous présentera vous en tant qu'individu et non pas comme quelqu'un de standard et de passe-partout.

Ainsi, si vous passez un entretien, votre interlocuteur se souviendra bien de vous et votre CV apparaîtra comme une réelle retranscription de votre profil. Les deux seront totalement cohérents.

L'œil du coach

Je fais faire ce type de CV à tous mes candidats qui l'envoient à des chasseurs de têtes : le succès est toujours au rendez-vous.

Un exemple de ce type de CV figure ci-après.

XXXXXXXXX
XXXXXXXX
XXXXXXXXX
XXXXXXXXXX

Directeur des ventes
Réseaux de Ventes Directes & Indirectes

Expérience professionnelle

Sept. 2007 Aujourd'hui	**ACME COMPANY 05** , société du groupe xxx. (Description de l'activité de la société et sa place sur son marché) **Chef des Ventes Ile-de-France**. Stabilisation du CA. **Réorganisation des ventes de la Direction régionale IDF** : analyse de la situation et mise en place de plans d'action afin de stopper la stagnation du CA. Duplication du modèle IDF sur l'ensemble des régions. **Création d'une nouvelle équipe commerciale** : recrutement, élaboration d'un plan de formation continu (experts produits), encadrement et accompagnement serré. **Mise en place de nouvelles procédures** : Structurer l'organisation des ventes par des méthodes et des outils de reporting fiables ; favoriser une démarche de prospection et de conquête actives.
Juil. 2006 Juil. 2007	**ACME COMPANY 04,** filiale du groupe xxxxxxx. (Description de l'activité de la société et de sa place sur son marché) **Directeur des Ventes Ile-de-France.** Augmentation de 10 % du CA en une année.

	Définition des axes prioritaires à mettre en œuvre sur l'agence IDF : identifier les forces et faiblesses de l'organisation et proposer de nouvelles opportunités de déploiement.
	Redynamiser l'équipe commerciale en place (11 commerciaux) : reprise en main des équipes, mise en place de nouvelles orientations, recrutement, détermination d'outils de suivi.
Mai 2002	**ACME COMPANY 03**, société du groupe xxxx.
Juil. 2006	(Description de l'activité de la société et de sa place sur son marché) **Responsable National des Ventes Indirectes**. Objectif annuel 5 M€, réalisé 6 M€.
	Amélioration de la rentabilité de cette structure opérationnelle : renégocier les accords de partenariats et faire cohabiter les différents réseaux de ventes (élaboration et mise en place d'un nouveau système de rémunération).
	Augmentation des parts de marché : recherche de nouveaux référencements, assurer une veille permanente de la concurrence et gérer en direct des comptes clés (Carrefour Monoprix).
	Référencement du leader européen du secteur : étude de marché, définition de l'offre, négociations de plusieurs mois, conclusion d'un référencement stratégique pour le groupe : + 20 % de CA.
	Dynamisation du canal VPC arrivé à maturité : analyse du marché, lobbying interne puis création d'une ligne dédiée pour notre principal client. Augmentation des ventes de 15 %.
Oct. 1995 Fév. 2002	**ACME COMPANY 02**, société du groupe XXXXX.

(Description de l'activité de la société et de sa place sur son marché)

Chef des Ventes Réseau France. 5 M€ de CA générés en moins de 2 ans.

Création sur la France du réseau de distributeurs agréés XXXXXX pour les produits concernés : recrutement et management d'une équipe pour animer 230 points de ventes.

Nomination de distributeur « VIP » : mise en place d'accords de partenariats spécifiques, création de supports de communication et d'outils de reporting *ad hoc*.

Mise en place d'incentives pour animer le réseau de distributeurs : organisation de séminaires pour créer un esprit de partenariat. Augmentation du CA de 25 % tous les ans.

Création de formations destinées aux nouvelles forces de vente des distributeurs pour les fidéliser. Mise en place de sessions de coaching 3 fois par an.

Lancement d'une nouvelle gamme de XXXXXX : élaboration du cahier des charges, étude de marché, mise en place d'outils d'aide à la vente et lancement. Augmentation du CA sur cette gamme de 40 %.

Signature d'un partenariat avec le groupe XXXXXXX : mise en place, formation des équipes et gestion du réseau de vente de XXXXXX (70 concessionnaires en France). En un an, progression du CA de 15 %, avec un coût de structure nul.

Attaché commercial « Ventes directes Ile-de-France »

Gestion commerciale de salons Nationaux et Internationaux (Berlin et Moscou)

Premier vendeur de l'IDF : développement des ventes sur une clientèle diffuse hors grands comptes. Réalisation de ventes unitaires supérieures à 100 K€. Premier vendeur IDF deux années de suite.

Janv. 1994	**ACME COMPANY 01**, (description de l'activité de la société)
Sep.1995	**Attaché commercial Grands Comptes**
	Deuxième vendeur France : développement des ventes sur une clientèle de collectivité et appels d'offres. Sur 100 K€ d'objectifs, réalisation de 200 k€.

Formation

1991-1993	École Supérieure de Commerce de Brest
1990-1991	BTS Action Commerciale à Paris

Langues

Anglais, Allemand : bilingue

Divers

Plongée sous-marine, alpinisme, voyages et lecture.

2

La validation de votre discours

Trouvez le fil conducteur entre votre vie professionnelle et votre vie privée

C'est parce que dans le cas d'un repositionnement vous chercherez à ancrer vos valeurs et vos rêves à l'intérieur de votre vie professionnelle qu'il faudra d'autant plus chercher à trouver le fil rouge qui unit votre vie personnelle et votre vie professionnelle. Quelles sont les choses dont vous rêviez ? En général, vous aurez passé pas mal de temps à les mettre en œuvre dans vos temps de loisirs et il vous faudra alors capitaliser sur toutes ces choses que vous avez apprises par ailleurs et qui ne figurent pas habituellement dans votre CV.

Certaines fois, la mise en avant sera très simple et vous déciderez de vous adonner à ce qui vous a toujours intéressé une fois mis de côté l'argent nécessaire à votre installation, votre retraite, etc. D'autres fois, ce sera une vocation familiale ou que vous aviez eue étant petit qui reviendra à la surface et le nouveau métier que vous choisirez prendra en compte ces différentes composantes.

Ce n'est pas parce que vous allez faire quelque chose qui vous plaît que vous n'arriverez pas à en tirer un bénéfice.

L'adéquation n'est pas toujours aussi simpliste que : je rentre dans un système capitaliste, donc je gagne de l'argent, quitte à souffrir tous les jours jusqu'à l'âge de la retraite, et un autre système qui consisterait à faire des choses qui vous plaisent réellement mais qui ne devraient donner lieu qu'à des rémunérations symboliques.

L'univers professionnel est plus complexe que cela et l'argent n'est souvent qu'une conséquence du fait que vous faites quelque chose qui vous plaît et que vous le faites correctement.

Néanmoins, dans un cas de réorientation professionnelle, il faudra quand même vous attendre à une baisse de revenus, le temps de vous adapter à votre nouveau métier et d'asseoir votre notoriété.

Enfin, mis a part les cadres des très grands groupes, CAC 40 et SBF 120, qui ont probablement les moyens de faire toute leur carrière dans une ou quelques-unes des sociétés de ce type, il est fort probable que si vous venez du monde des entreprises de taille intermédiaires vous ayez plusieurs fois à vous réinventer dans votre carrière professionnelle.

Il faudra alors savoir vous entourer, savoir vous présenter et surtout savoir vous amuser. Il faut surtout déterminer ce à quoi vous rêvez et là où vous pouvez apporter de la valeur.

Ce fil rouge pourra être un engagement sociétal, une chose que vous avez particulièrement appris à faire, un hobby, une capacité particulière qui vous distinguera du lot. N'hésitez pas à tout remonter et à tout mettre en avant, vous pourrez ensuite vous placer dans une position où vous aurez à choisir, plutôt que dans une position dans laquelle vous aurez à subir le jour où un accident surviendra.

Mettez en avant vos atouts et votre personnalité

Pour illustrer ce point, je ne peux pas trouver mieux que l'exemple d'un de mes clients qui a réussi une reconversion professionnelle complètement en dehors de son domaine de technicité de départ.

Exemple de Maxence

Maxence, ingénieur dans un cabinet conseil, était dans une situation délicate par rapport à son type de poste et sur son marché. Il avait fait l'analyse que ses compétences techniques devenaient obsolètes. Il était en plus dans un schéma d'échec car, pour le pousser à la démission ou à la dépression, sa société l'employait de moins en moins et lui faisait passer de plus en plus de temps au bureau. De plus, ses évaluations étaient mauvaises, pleines de reproches. Voyant la façon dont ses collègues étaient poussés à la porte sur la base de harcèlement, il s'était syndiqué et montait des dossiers pour leur permettre de se protéger par rapport à cette « entreprise raider ». Il en avait récolté diverses tentatives d'éviction et de licenciement sec, son dossier était actuellement en appel pour pouvoir être licencié. Il était, bien sûr, père de famille recomposée, sa femme ne travaillait pas et il se demandait comment il allait alors pouvoir rebondir.

Nous avons travaillé selon la méthode des motivations et des réussites. Nous nous sommes rapidement aperçus qu'il avait développé une véritable compétence et un véritable appétit pour ces questions sociales sur lesquelles, d'ailleurs, il avait réellement développé une expertise. Je lui ai fait rencontrer des DRH à l'intérieur de mon réseau et nous avons monté un dossier qu'il a présenté avec brio pour être admis tout d'abord auprès des Fongecif et ensuite dans la formation qui l'intéressait, c'est-à-dire l'IGS, pour faire une complète reconversion dans les ressources humaines. Il a bien sûr été admis et est aujourd'hui retourné à l'école, tout en étant rémunéré.

La seconde partie de sa carrière sera donc dans le domaine des ressources humaines, spécialité pour laquelle il s'est découvert une passion à cause de circonstances professionnelles difficiles.

Faites des choix et arbitrez

Une fois que vous avez décidé ce qui était réellement important pour vous et le type de direction que vous souhaitez donner à votre vie future, il va falloir mettre en œuvre la partie la plus difficile de cette méthodologie : faire des choix et arbitrer. En fait, vous allez devoir renoncer à certaines choses, et c'est en acceptant ces renoncements que vous commencerez à sortir de votre immobilisme pour avancer.

Le plus important, dans cette phase-là, c'est d'avancer et de tester, quoi que vous fassiez.

Où voulez-vous être dans quinze ans ? Est-ce réaliste ? Quels moyens vous donnez-vous pour y parvenir ? Quels sacrifices êtes-vous prêt à accepter : financiers, manque de temps, précarité de votre activité.

En fait, vous allez faire ces choix en bulle et *a priori,* plutôt que de les faire *a posteriori*, lorsque vous serez à nouveau en poste. Une des choses à considérer est que jamais vous n'obtiendrez l'intégralité de vos critères. Par ailleurs, cette transition ne sera pas quelque chose de forcément facile.

Cependant, comme vous le faisiez lors de votre première partie de carrière, vous êtes sorti de votre zone d'échec, vous commencez à nouveau à vous projeter et vous êtes en phase de construction pour inventer à nouveau votre futur.

L'œil du coach

Rien que cela devrait vous permettre de sortir d'une situation où vous subissez, pour vous permettre de rentrer à nouveau dans une situation où vous êtes en contrôle.

Le plus difficile, à ce moment-là, sera de résister aux diverses peurs : les vôtres et celles que les autres projettent sur vous.

Si vous voulez quelque chose, ne vous laissez pas influencer. Faites vos choix en toute connaissance de cause et avancez.

Faire des choix et arbitrer est probablement ce qui, dans le processus que nous avons entamé ensemble, vous demandera le plus d'efforts. En effet, surtout lorsque vous arrivez en milieu de vie professionnelle, vous avez une conscience très claire des choses que vous avez réussies et que vous vouliez continuer à réussir encore parce que cela vous apporte beaucoup de satisfaction ; mais vous avez également une conscience très aiguë de celles que vous avez « ratées », à la fois dans votre vie privée et votre vie professionnelle, et dont vous vous dites maintenant qu'il est plus qu'urgent que vous les réussissiez. Cela peut avoir l'allure d'une dernière chance qui ne se représentera plus jamais. Cela peut aussi vous conduire à mettre en face de vous une feuille de route totalement irréaliste où vous avez différents domaines de réalisations (couple, famille, enfants, travail, vie sociale, bien-être, etc.) pour lesquels sur une échelle de 0 à 10, tous les curseurs seront à 10.

Spécial femmes

Cela me rappelle un cas que je rencontre souvent auprès de mes clientes. Elles sont divorcées, vivent avec leurs enfants adolescents, ont des postes à responsabilités, et puis, un jour, la machine se grippe et pour des raisons qu'elles ne comprennent pas, elles se retrouvent dans une situation professionnelle de blocage : elles ont l'impression d'avoir tout sacrifié à leur entreprise et que celle-ci ne les suit plus.

Lorsqu'elles s'adressent à moi, qu'elles soient toujours en poste, qu'elles aient quitté l'entreprise de leur propre chef ou qu'elles aient fait l'objet d'un licenciement, leur demande est invariablement la même. Elles veulent du temps pour elles, retrouver un compagnon, passer plus de temps avec leurs enfants adolescents, perdre 8 kilos, reconstruire une vie sociale et retrouver un épanouissement dans leur travail. Elles ont bien sûr raison et je les encourage à ne surtout pas se limiter. En revanche, la première question que je leur pose est : par quoi commence-t-on ? Il n'est pas envisageable de vouloir tout réussir au maximum et en même temps. Cela reviendrait à nouveau à recréer les conditions d'un échec programmé.

Il y a un temps pour tout, elles peuvent commencer par s'occuper d'elles-mêmes, de leur famille et de leur vie sociale tout en cherchant un emploi, c'est même fortement recommandé pour pouvoir faire cette recherche dans des conditions sereines. Par contre, pendant les premiers douze à dix-huit mois de leur prise de poste, il faudra qu'une grande partie de leur attention soit à nouveau focalisée sur leur univers professionnel.

Il leur faudra ensuite toutes les vigilances pour faire à nouveau un arbitrage plus équilibré entre leurs aspirations personnelles et leurs aspirations professionnelles. Sinon, ce qui leur est arrivé une première fois risque de se répéter dans trois ou cinq ans.

Vous l'avez bien compris, il ne sera pas possible pour ma cliente de trouver un travail intellectuellement stimulant, bien rémunéré, qui lui permettra de rentrer chez elle pour s'occuper de ses enfants, tout en faisant un régime et en sortant le soir afin de rencontrer l'homme de sa vie. Cette configuration n'arrive que dans les films et tant qu'elle aura cela pour objectif, elle se retrouvera dans une situation bloquée. Le blocage en soi n'est pas inquiétant s'il lui permet de prendre le temps de s'analyser, d'avancer et d'explorer différentes options. Il n'est surtout pas dramatique si la personne a les moyens financiers d'attendre que la situation se débloque. Là où cela devient inquiétant, c'est si elle ne supporte pas psychologiquement ou financièrement cette période et que cela la conduit à prendre des décisions d'urgence (qui seraient, bien sûr, toujours amèrement regrettées par la suite dans le mode « si j'avais su ») ou si l'environnement finit par choisir pour elle (n'oubliez pas que ne pas choisir consiste toujours à faire un choix).

J'insiste toujours sur l'importance de faire ses choix de vie avant d'accepter un nouveau poste.

Cela aura, de façon immédiate, au moins deux avantages :

- vous permettre d'argumenter de façon précise et mesurée devant un recruteur sur les raisons qui vous poussent à postuler et qui font que vous êtes légitime dans ce type de poste à ce moment donné de votre vie ;
- vous permettre de ne pas vous décourager lorsque vous rencontrerez les premières difficultés (inévitables) dans votre prise de poste, car vous saurez pourquoi vous êtes là, ce que vous attendez de ce

poste (pour vous et non pas pour l'entreprise) et vous avez une justification du niveau d'inconvénient et d'insatisfaction que vous êtes prêt à accepter ou pas.

Bref, vous aurez fait exploser votre « bulle de contradiction » interne avant votre prise de poste et pas après, ce qui vous permettra de vous concentrer plus facilement sur la gestion des événements extérieurs sans être pollué par vos conflits internes.

Exemple de Jules

La problématique de Jules était assez complexe et notre premier rendez-vous a été très tendu. Il était catholique pratiquant, père de six enfants dont le dernier en bas âge, quinquagénaire et avec des emprunts importants. Il avait fait financer par sa société une formation au coaching qu'il avait beaucoup aimée et il envisageait d'en faire son métier. Il est venu me voir avec cette contradiction très anxiogène qui consistait à retrouver rapidement un emploi de coach, mais payé aux alentours du salaire qu'il recherchait et qui était important.
Nous avons travaillé quelques séances ensemble, au cours desquelles, prenant en compte sa contrainte de famille nombreuse, j'ai essayé de le faire retravailler sur la mise en avant de ses compétences professionnelles transférables d'un univers professionnel vers un autre, qui saurait utiliser ses qualités professionnelles pour lui assurer un revenu stable.
Il a donc commencé une démarche réseau dans ce but.
Il s'est rendu compte, et ses différents interlocuteurs le lui ont confirmé, qu'il n'avait plus le feu sacré pour ce type d'environnement professionnel, et donc qu'il n'était plus crédible, car quelque part cela se ressentait. Cela a confirmé ce que lui pensait depuis le début et il a révisé ses priorités en fonction de cela. Sa maison à rembourser a pris moins d'importance dans son univers personnel que le type d'activités qu'il serait amené à exercer. Il a pris toutes ses dispositions pour réduire la voilure en vendant une partie de sa propriété et a commencé son activité en tant que free-lance.

Je l'ai revu six mois après notre première rencontre, il était transformé, même si la solution qu'il avait choisie m'apparaissait *a priori* la plus risquée pour lui ou sa famille. Preuve que l'angoisse n'est pas toujours où l'on pense qu'elle se trouve. Chaque choix résulte d'une analyse strictement personnelle et mon client a eu la chance de résoudre son conflit de valeurs préalablement à sa prise de poste. Cela lui a donc permis de prendre toutes les dispositions nécessaires afin que celle-ci se passe dans les meilleures conditions possible.

3

Ciblez votre recherche et définissez votre niche

Une bonne façon de commencer à définir votre cible va être de vous focaliser sur ce que vous savez faire le mieux, ce pour quoi vous avez des réussites éprouvées, et chercher dans quel type de fonctions et de secteurs d'activité vous pourriez apporter ou vous auriez envie d'apporter vos compétences.

Le plus simple est de réfléchir vous-même à cela en vous faisant aider de votre coach préféré ou de quelques amis très proches. C'est dans cette phase de votre recherche que vous allez enfin pouvoir toucher le Graal de toute recherche d'emploi qui est : « Comment faire appel à votre réseau ? »

Revenons sur un point abordé lors des premières parties de cet ouvrage.

J'expliquais alors qu'il ne fallait surtout pas « mettre à jour son CV ». Il ne fallait pas non plus demander à ses amis et ses proches s'ils avaient connaissance d'un poste disponible et s'ils pouvaient vous recommander.

Nous allons maintenant travailler sur la façon de faire appel à son réseau de manière efficace. Au risque de me répéter, j'insiste sur le fait que, pour pouvoir faire appel à son réseau, il faut impérativement avoir fait toutes les démarches d'analyse expliquées précédemment, c'est-à-dire :

- savoir qui l'on est ;
- avoir défini sa direction professionnelle future ;
- avoir reconnecté sa vie entre ses expériences passées et le futur auquel on rêve ;
- et surtout savoir se présenter en cohérence.

Il est important de noter que cette démarche est majeure, quel que soit le type de transition de carrière (une recherche de poste, une création d'entreprise ou une reprise d'entreprise). Toutes ces conditions étant réunies, vous allez enfin pouvoir commencer à faire appel à votre réseau.

Les fausses bonnes idées sur le réseau

- Le réseau ne consiste jamais à demander à quelqu'un s'il a connaissance d'un poste disponible et s'il pourrait vous recommander. Ne lui demandez pas non plus d'ouvrir son carnet d'adresses et de vous fournir sa recommandation. C'est probablement ce qu'il a de plus intime et il ne vous connaît pas forcément. De plus, vu le nombre de personnes sur le marché, il ne peut pas se permettre, même avec la meilleure des volontés, d'user son réseau à chaque fois qu'il est sollicité.
- Le réseau ne consiste pas non plus à lui demander de valider votre projet professionnel. Cela revient à lui demander de choisir votre orientation professionnelle à votre place. C'est une beaucoup trop grande responsabilité qu'il ne peut accepter. Comment peut-il, sans avoir des données qui vous sont personnelles, prendre une décision à votre place, alors que vous n'osez pas le faire vous-même ?

Ces techniques qui marchaient bien il y a une dizaine d'années encore, sont aujourd'hui totalement obsolètes. Dans ces deux cas, vous mettrez votre interlocuteur très mal à l'aise. Et, la fois suivante, il vous évitera ou il ne vous répondra pas. Il faut au contraire le placer dans une position où il se sentira confortable, que vous le connaissiez préalablement ou pas.

L'utilisation réelle du réseau

Imaginons que vous soyez dans la situation très fréquente aujourd'hui d'un manager issu d'un grand groupe en situation de transition de carrière. L'appel au réseau va vous servir principalement à trois choses.

- Tout d'abord, obtenir des informations sur le secteur ou la fonction que vous cherchez à approcher pour définir votre ciblage.

Si l'on ne connaît pas le secteur ou la fonction dans laquelle on cherche à exercer une nouvelle activité, il est essentiel, dans une première étape, de se renseigner. Il faut identifier les forces en présence, les challenges auxquels vous n'aviez pas pensé et les différents intervenants qui y jouent un rôle. Cette approche par rendez-vous vous donnera une idée de la faisabilité des projets professionnels que vous envisagez et des entreprises qui se positionnent sur ce secteur.

- Ensuite, préparer votre approche d'une entreprise que vous avez définie comme votre cible. La mise en œuvre de cette démarche sera nécessaire avant de rencontrer les décideurs, que cela soit dans le cadre d'une approche réseau ou de la réponse à une annonce. La règle à retenir dans ce cas-là est que, à moins d'être un manager de gestion de crise, spécialisé dans le retournement de sociétés, il y a fort à parier que le bagage que vous apportez intéressera plutôt une petite entreprise ou une entreprise de taille moyenne qui cherchera à passer à un stade supérieur de sa croissance.
- Affiner votre offre de valeur : il faudra alors déterminer, un peu à la façon d'une entreprise qui effectue une étude de marché, sa problématique et sa stratégie actuelle. Cela pourra se présenter sous la forme de la conquête d'un nouveau marché, d'un changement de business model ou de l'intégration en amont ou en aval de la chaîne de valeur sur laquelle s'est positionnée l'entreprise.

Arrivant d'un univers différent, vous avez alors beaucoup de choses à apporter car vous avez déjà travaillé dans le nouvel environnement qu'elles cherchent à atteindre ou avec les nouvelles méthodes qu'elles cherchent à acquérir.

Vous allez leur permettre d'éviter de nombreuses ornières et leur apporter fiabilité et rapidité d'accès au marché dans leur catégorie de destination. Cela ne fonctionnera, bien sûr, que si vous avez bien identifié leur business model, leur problématique et que vous savez leur présenter votre « solution » de façon acceptable.

Quid des règles usuelles ?

Certaines règles restent valables, mais ont besoin d'être modulées en fonction du nouvel environnement.

La règle des trois noms

Cette règle qui consiste à dire qu'il vous faut obtenir trois noms au sortir d'un entretien est bonne. C'est effectivement l'idéal vers lequel il faudrait tendre. Néanmoins tout le monde fait cela aujourd'hui et vos chances d'arriver à ce résultat sont quasi nulles si vous ne respectez pas quelques précautions d'approche.

Une personne vous donnera :

- des informations sur son secteur, car cela lui fait plaisir de vous aider (encore faut-il que vous ayez su créer les conditions d'une rencontre favorable) ;
- des noms de personnes : pas pour vous aider et vous faire plaisir, mais parce qu'elle connaît bien cette personne et qu'elle pense au contraire l'aider, elle, en vous mettant en contact. C'est donc à vous de vous présenter avec un axe très précis et un début de solution.

La règle des cercles

Cette règle indique que ce n'est pas votre premier mais votre second ou votre troisième cercle qui vous trouvera un job. En effet, votre premier cercle a tendance à vous voir dans des fonctions que vous occupiez par le passé et a du mal à vous projeter dans un nouvel environnement. En revanche, les autres cercles auront beaucoup moins de contraintes dans la projection qu'ils font de vos capacités.

La règle du nombre de rencontres

Il vous faudra un nombre important d'échanges réseau, à la fois pour affûter votre discours et pour valider la pertinence des différentes idées que vous avancez. Il ne faut donc pas hésiter à sortir. Vous ne trouverez pas un job en restant chez vous.

La règle des échelons hiérarchiques

Il ne faut pas vous adresser à un niveau hiérarchique trop élevé dès le début de votre recherche, même si c'est une personne que vous connaissez bien. Il est préférable de vous adresser aux personnes de niveau hiérarchique inférieur. Ces gens-là connaissent bien l'entreprise et vont vous permettre de vous en faire une idée avant d'aborder son encadrement, vous pourrez donc mieux cibler la problématique de l'entreprise.

Commencez à vous entraîner. Rendez-vous à la partie suivante pour aller un peu plus loin dans sa mise en œuvre.

L'avis de l'expert

« Les règles de savoir-vivre à respecter lors d'une démarche réseau »

Sophie de la Bigne, consultante en savoir-vivre auprès de France 2 et TV5 Monde

La plupart de mes clients sont mal à l'aise lorsqu'ils entreprennent une démarche réseau. Ils passent alors d'une posture où les gens venaient les chercher et leur demandaient leur avis à une position inhabituelle où ils deviennent eux-mêmes des demandeurs. Ils vivent cela comme une perte de légitimité et parfois même d'identité. Ils ont peur d'être jugés, de s'exposer, de commettre des faux pas...

Mireille Garolla : Tout d'abord, une question très générale. Dans un monde en complète mutation, avec des managers qui sont de plus en plus pressés et de nouveaux moyens de communication, quelles sont les règles dont il faut se souvenir et quelles nouvelles règles seraient éventuellement à inventer ?

› *Sophie de la Bigne :* Le savoir-vivre existe depuis de nombreux siècles et il a largement prouvé son efficacité. Son but aujourd'hui est d'augmenter la fluidité sociale. On se rend compte qu'un des soucis des patrons est d'instituer un mieux-vivre ensemble. Cet état d'esprit crée de l'efficacité. De bonnes relations avec des collaborateurs créent un bien-être, une bonne ambiance et une meilleure productivité.

MG : Pourtant, ces règles ne sont pas toujours explicitées.

› *SB :* C'est vrai. Et c'est très dommage. Il suffirait de simplement rappeler parfois ce savoir-vivre à la française, notamment en ce qui concerne la gentillesse, l'habileté, la délicatesse, la galanterie, le respect de la parole donnée.

MG : Quels sont les principes de base à rappeler à nos lecteurs, qu'ils soient dans une entreprise ou lorsqu'ils démarrent une démarche réseau ?

› *SB :* Il faut toujours se tenir en alerte et bien cibler le poste visé. La façon dont on va s'adresser aux uns ou aux autres doit être faite avec délicatesse. Il ne faut pas se précipiter sur les gens en leur demandant un travail. En revanche, il sera utile de se renseigner sur le métier, de se tenir informé par la presse. Si vous n'êtes pas en activité, vous pouvez montrer que vous êtes en éveil et que vous pouvez communiquer sur le sujet. Il est plus facile ainsi d'approfondir une relation professionnelle.

MG : Comment convient-il de s'adresser à quelqu'un ?

› *SB :* Il faut, en premier lieu, se situer soi-même. Et, pour se présenter à une personne inconnue, il convient d'annoncer son prénom suivi de son nom. Puis de saluer en disant « bonjour Madame » ou « bonjour Monsieur ». Et non « bonjour monsieur Moulin ». Et on ne dit pas « enchanté ». Mais « je suis ravie ou enchanté de faire votre connaissance ». Vous n'êtes même pas obligé de faire une phrase, un simple sourire peut convenir parfaitement.

MG : Maintenant, j'ai quelques questions plus spécifiques. Au début d'une démarche réseau, quelles sont les règles à respecter quand on entre dans le bureau de quelqu'un que l'on n'a jamais rencontré ?

› *SB :* Un détail qui a son importance est d'arriver à l'heure. Il s'agit ensuite de donner une impression pas trop poussive. L'idée est de rester professionnel et léger. Ne montrez pas que vous misez tout sur cette rencontre. Dites rapidement ce que vous attendez de l'entretien. L'idéal est de viser une atmosphère de confiance. N'interrompez pas trop cette personne. Laissez-la parler librement Aussi, ne restez pas trop longtemps pour un premier entretien car vous avez, bien entendu, un autre rendez-vous ensuite ! Vous avez ensuite 24 heures à 48 heures pour remercier par e-mail ou par texto. Cela fera toujours plaisir à la personne que vous avez rencontrée ainsi qu'à celle qui vous a mis en contact.

MG : Quelles sont les règles spécifiques à adopter lors d'un cocktail, qui est l'endroit où les gens se rencontrent le plus ?

› *SB :* Ce qu'il faut comprendre, c'est qu'un cocktail est fait pour rencontrer des gens. Ne restez pas seul près du buffet. N'hésitez pas à repérer la personne qui vous intéresse. Dirigez-vous vers elle quand elle est seule. À ce moment, vous vous faites présenter ou vous vous présentez directement. Là, vous posez des questions qui vont vous faire arriver dans le vif du sujet avec les précautions d'usage. Vous pouvez amorcer ainsi les choses : « Il me semble que vous connaissez telle personne » ou « Je suis désolé de vous déranger, je voudrais vous poser une question » ou encore « Je crois que vous connaissez telle entreprise ». Ne soyez pas gêné d'entreprendre cette démarche car tous les grands patrons et toutes les personnes en poste ont besoin de rencontrer des gens. Et il n'est pas écrit sur votre front que vous êtes au chômage.

MG : Imaginons le pire scénario. Vous avez rendez-vous à un cocktail. Et votre ami n'est pas là. Vous vous retrouvez seule au milieu du cocktail. Que conseillez-vous dans ce cas pour que ce ne soit pas une soirée ratée ?

› *SB :* Vous vous dirigez vers le buffet et là, très naturellement, vous proposez à quelqu'un qui cherche une boisson ou un petit-four de l'aider. C'est là que les contacts sont plus faciles à établir. Elle vous présentera ensuite à d'autres personnes de son entourage.

MG : Comment engager la conversation avec quelqu'un que l'on ne connaît pas ?

› *SB :* C'est toujours plus facile de se faire présenter. Mais il n'est pas impoli de se diriger vers une personne et de lui adresser la parole avec des précautions d'usage. Sentez-vous à l'aise dans la démarche.

MG : Une femme peut-elle se présenter à un homme ?

› *SB :* Oui, aujourd'hui cela se fait. C'est totalement admis. Elle va le faire comme un homme se présenterait à un homme. Il faut garder en tête que les gens sont souvent prêts à aider et que l'autre n'est pas un ennemi.

MG : En ce qui concerne les vêtements, quid *du port de la cravate pour les hommes ?*

› *SB :* Je recommanderais de se renseigner sur les coutumes de l'entreprise par les sites Internet, de voir le style de l'entreprise. La banque n'a pas le même type d'uniforme qu'une start-up. Dans le doute, je vous conseille de mettre une cravate. Vous pouvez l'enlever dans le couloir en attendant l'entretien si vous vous rendez compte qu'elle n'est pas adaptée.

MG : Quelles sont les règles vestimentaires spécifiques à appliquer aux femmes ?

› *SB :* Il faut être à l'aise. N'inaugurez pas une nouvelle robe. Restez en harmonie avec vous-même, sans jouer la provocation. Un décolleté plongeant, les talons aiguilles et les minijupes ne sont pas toujours adaptés. Vous êtes là pour travailler et non pour déconcentrer vos collaborateurs.

MG : Une femme peut-elle accepter (ou comment peut-elle refuser) une invitation pour un café, un déjeuner ou un dîner ? Quelles sont les réponses à faire sur ces différents sujets ?

› *SB :* Pour un déjeuner ou un café, il n'y a aucun problème, sauf si c'est une auberge à la campagne. En revanche, un dîner, là c'est plus délicat. Vous pouvez toujours argumenter que vous avez des obligations familiales. L'important est de donner une raison pour laquelle on refuse, de ne pas être trop directe. Vous pouvez proposer aussi de rencontrer la personne dans la journée. Si la personne est insistante, vous pouvez préciser que vous préféreriez rester sur des bases professionnelles. Il comprendra très vite.

MG : Quelles sont les cinq fautes impardonnables à ne pas commettre ?

› *SB :* Premièrement, aborder quelqu'un sans se présenter. Deuxièmement, être trop agressif et mettre une pression dans l'entretien. Troisièmement, avoir une tenue incorrecte peu en harmonie avec vous-même. Quatrièmement, trop s'étendre sur sa situation personnelle. Le mieux est de s'oublier soi-même. Cinquièmement, oublier de remercier est très déplacé.

MG : Quelles sont les trois choses dont il faudrait se souvenir pour être le plus à l'aise ?

› *SB :* Il faut tout d'abord essayer d'arriver le plus détendu possible. Ensuite, se mettre dans la tête de la personne en face de vous. Et enfin, il faut continuer à entretenir le lien établi en vous rappelant à la personne grâce à des informations qui pourraient intéresser votre interlocuteur.

Partie 6

Démarrer sa vie de demain

Vous serez probablement très étonné de la partie qui va suivre si vous avez eu jusque-là une vie professionnelle plutôt réussie avec un parcours relativement classique. Si, par contre, vous avez eu un parcours ou un profil plus entrepreneurial, vous serez totalement familier avec les concepts que je vais vous exposer.

Et tout d'abord un peu de magie...

Le fait de chercher un travail est quelque chose de relativement étendu/partagé en temps de crise. Tout le monde s'est retrouvé une ou plusieurs fois dans ce type de situation avec, en général, des conditions économiques qui étaient plus faciles que celles que vous vivez aujourd'hui et avec l'inconvénient supplémentaire d'être moins jeune, ce qui rend la recherche probablement plus compliquée.

Vous aurez alors tendance à vous dire que cette période a toutes les chances d'être pénible. Si vous avez rencontré des difficultés par le passé pour trouver du travail, votre appréhension en sera encore augmentée.

En fait, rien de tout cela n'est tout à fait vrai. Je vous conseille de commencer à abandonner vos idées reçues et vos appréhensions. Le fait de trouver du travail n'est pas lié à votre âge, votre fonction ou des conditions économiques. C'est avant tout une question d'attitude de votre part.

1

Ouvrez-vous aux autres

Si vous vous présentez en étant sûr de ce que vous voulez faire et pourquoi, de ce que vous pouvez apporter à une entreprise, que vous avez des étoiles dans les yeux lorsque vous en parlez et que vous n'êtes pas trop rigide sur vos conditions d'entrée ou de début de collaboration, alors l'avenir vous appartient, quel que soit votre âge.

En fait, les deux clés de votre retour dans le cadre d'une activité professionnelle sont :

- l'analyse de qui vous êtes réellement, de ce que vous avez envie de faire et de ce que vous pouvez apporter de façon réaliste… Mais ce sujet a déjà longuement été abordé dans les parties précédentes ;
- l'ouverture à l'autre, quel qu'il soit et quelles que soient les circonstances, et c'est bien ici l'objet de cette partie.

Le principe de base est très simple et il consiste à dire que « vous ne trouverez jamais un job en restant chez vous ». Lorsque je l'écris, cela vous semble bien sûr une évidence. Néanmoins, vous seriez étonné du nombre de personnes qui ne l'appliquent pas. Combien de personnes ai-je rencontrées ces dernières années qui passaient leurs journées à surfer sur le Web, à envoyer des CV à des chasseurs de têtes, à leurs relations, et à répondre à des annonces. Ces personnes mesuraient leur efficacité à leur nombre de contacts sur LinkedIn ou Viadeo et au nombre d'e-mails qu'elles avaient envoyé dans la journée.

Cela ne vous rappelle rien, ni personne ? N'avez-vous jamais eu cette tentation ?

En termes d'utilité, cette pratique pourrait être qualifiée de « faussement rassurante ». En effet, elle consiste à recréer artificiellement les conditions d'un travail salarié : vous recherchez, vous analysez et vous produisez… donc vous restez dans une logique d'output quantifiable et vous vous dites qu'à la fin, les nombres aidant, cela vous permettra, par une sorte de loi statistique, de retrouver un emploi.

Cela n'est plus vrai aujourd'hui.

Les boîtes mail de toutes les personnes avec un minimum de responsabilités sont totalement engorgées par des sollicitations non bienvenues et vous avez une grande chance que toutes vos tentatives de communication par voie digitale se retrouvent directement dans la poubelle.

C'est à ce moment-là qu'il est bon de faire appel à un peu de magie.

Le but de cette partie va consister, non pas à vous présenter et à proposer vos services à la terre entière, mais au contraire à sortir de votre bulle (qui commence d'ailleurs – et vous vous en apercevez – à devenir de plus en plus inconfortable) pour aller voir ce qui se passe dans les différents secteurs de l'économie, les différentes professions, les différentes parties du monde. Bref, cela vous demande de sortir et vous mettre à l'écoute de l'autre.

Plus vous serez à l'écoute de l'autre, plus vous connaîtrez ses besoins, et meilleure sera votre position pour comprendre ses attentes et adapter votre offre de service. Mais, pour cela, vous devez impérativement avoir effectué les étapes d'analyse préalable, sinon vous serez totalement déstabilisé. En effet, pour pouvoir sortir et être à l'écoute des différentes influences, il faut absolument savoir de façon précise qui vous êtes, et surtout qui vous n'êtes pas, pour éviter de vous perdre en chemin lors de cette exploration.

Au cours de ces sorties, vous serez confronté à des personnes et influences diverses. Elles vont toutes vous dire, parfois avec bienveillance et parfois pas, ce que vous devriez faire, ce que vous ne devriez pas faire et, souvent, pourquoi vous n'avez aucune chance d'y arriver de la façon dont vous vous y prenez.

N'oubliez jamais que ces personnes ne sont pas à votre place ni dans votre situation. Elles n'en ont qu'une vision parcellaire, selon le prisme de leur propre réalité.

Le matériau qu'elles vont vous fournir sera extrêmement utile, mais aussi dangereux, un peu comme un catalyseur superpuissant. C'est-à-dire qu'il vous faudra trier avant de pouvoir l'utiliser. Regardez avec beaucoup de recul si le point de vue que vous donne la personne se retrouve dans l'analyse de plusieurs interlocuteurs, ou bien si c'est un point de vue isolé. Regardez si cela peut vous aider à adapter votre recherche, votre discours, votre cible. Cela peut également parfois vous amener à tout remettre en question... mais cette attitude ultime devra être prise avec beaucoup de précautions.

Maintenant que nous avons énoncé la règle de base qui est celle de l'ouverture à l'autre et à son environnement, je vous propose de passer un peu de temps à voir comment l'appliquer.

2

Perdez-vous pour mieux vous retrouver

Pendant une période de questionnement professionnel, que vous soyez en poste ou hors poste, votre principal allié, votre principal atout et votre monnaie d'échange va être le temps. Le temps que vous consacrez à vous-même, à votre réflexion, à vous ouvrir sur d'autres univers. Quoi qu'il se passe dans votre poste, il vous faudra faire des arbitrages et privilégier avant tout le temps que vous allez allouer à votre propre personne.

Vous avez jusque-là passé la plus grande partie de votre temps d'activité professionnelle à échanger vos capacités intellectuelles contre une rémunération. C'est-à-dire que vous avez mis vos capacités au service d'une entreprise. En général, lorsque vous êtes en transition, quel que soit le régime qui s'applique à ce moment-là, vous disposez d'une relative sécurité financière qui sera assurée pendant une période donnée. Il est donc temps que vous preniez de nouvelles habitudes et que vous profitiez de ce merveilleux cadeau que votre dernière entreprise vient de vous faire... C'est-à-dire que vous allez consacrer l'intégralité de vos ressources intellectuelles et relationnelles à vous-même.

Surtout, n'hésitez pas à les utiliser exactement de la même façon que vous les auriez utilisées dans une entreprise. C'est probablement le plus beau cadeau que l'on puisse vous faire, principalement en milieu de vie. Vous avez enfin le temps, un peu comme lorsque vous faisiez vos études, d'investir sur vous-même pour décider comment construire votre vie.

Un des écueils consistera à vouloir entrer dans des clubs et des réseaux d'influence. Des tas de livres ont fleuri sur ce sujet et vous ont expliqué pendant des années comment « réseauter utile » et les endroits où il faut absolument être.

Je ne vous dis pas qu'ils ont tort ou que cette démarche est inutile, mais si vous vous limitez à cela, vous risquez d'être extrêmement déçu. Cette démarche est devenue « mainstream[1] », c'est-à-dire que toutes les personnes dans votre cas l'ont adoptée et la conséquence peut être de deux ordres :

- soit ces réseaux sont devenus encore plus exclusifs et ne laissent entrer que des personnes en poste avec des recommandations de haut niveau ;
- soit vous vous retrouverez dans des réunions dans lesquelles il n'y aura plus de professionnels en poste mais uniquement des gens en transition à la recherche de postes salariés ou de missions… Intéressant pour travailler sur ses compétences de socialisation lors de cocktails mais pas véritablement utile pour la réalisation de votre objectif.

La question reste alors : oui, mais que faire ?

L'œil du coach

La réponse qui n'engage que moi est la suivante : sortir du lot, pas complètement, mais un peu quand même, afin d'ouvrir à nouveau le champ des options.

Tout d'abord, faites-vous plaisir. N'allez pas seulement dans les groupes recommandés, mais recherchez des sujets qui vous intéressent, créez des groupes et discutez de ces sujets avec différentes personnes que vous rencontrerez au fur et à mesure de vos sorties. Il est plus facile de capter l'attention des gens et d'avoir un véritable

1. Mainstream : courant principal, en anglais.

échange avec eux s'ils n'ont pas l'impression que vous essayez de leur soutirer quelque chose dès que vous vous présentez.

Découvrez les groupes et les réunions en surfant sur le Net. Il suffit pour cela de taper des mots-clés, de vous abonner aux newsletters et très rapidement vous serez invité à des cocktails ou des petits déjeuners d'échange et de présentation.

Discutez avec des gens que vous rencontrez : voisins, amis, la personne assise à côté de vous lors d'une conférence. Pas pour leur raconter votre situation et vos interrogations, mais plutôt pour leur faire part de vos centres d'intérêt et des choses qui vous passionnent. Vous verrez que la qualité de l'échange passe immédiatement dans une autre dimension et que sur la base d'un centre d'intérêt (le vôtre) vous arriverez rapidement à une co-construction extrêmement intéressante.

Même, et surtout si vous ne voyez pas d'utilité pratique et immédiate à cette méthode de fonctionnement, c'est là l'essentiel de son intérêt. Elle vous permettra de remonter votre niveau d'énergie et surtout de vous nourrir intellectuellement, émotionnellement et parfois même spirituellement par le contact de l'autre et la rencontre de son univers. Cette démarche prend tout son sens lorsque vous avez vous-même passé de nombreuses années au sein d'une entreprise à diriger et à produire, qui sont deux démarches qui, dans le contexte économique actuel, ont plutôt tendance à vous fermer à l'autre et à vous assécher. Il sera toujours temps de vous recentrer sur quelque chose que vous aurez choisi ensuite. C'est, en revanche, cette ouverture qui vous donnera l'opportunité de faire ces nouveaux choix. N'hésitez donc pas à vous perdre pour mieux vous retrouver.

3

Comment fonctionner en mode réseau

Ce principe d'ouverture étant posé, nous allons maintenant passer un peu de temps ensemble pour déterminer comment le mettre en œuvre de façon optimale et avec le moins d'inconfort pour vous, afin que cette façon de faire fasse partie intégrante de votre nouvelle vie. J'appelle cela « fonctionner en mode réseau ».

Nous avons défini ce que peut apporter un réseau. Il permet principalement de cibler avec justesse un secteur, une fonction ou une entreprise et d'affiner votre offre en fonction de l'analyse du marché à date.

Nous avons ensuite rapidement revu les règles, aujourd'hui devenues très classiques, qu'il convient de respecter pour réussir un entretien de ce type.

Nous allons aujourd'hui considérer que cette démarche a été bien entamée et que vous êtes maintenant en train d'approcher des personnes que vous ne connaissez pas et qui pourraient se révéler très importantes pour votre déroulement professionnel futur.

Qui peut faire du réseau et à quel moment de sa recherche d'emploi ?

On peut faire du réseau quel que soit son âge. Même si les références du marché de l'emploi vous font croire que vous êtes trop jeune (c'est-à-dire sans expérience) ou trop vieux (c'est-à-dire trop formaté).

Quant au moment approprié pour travailler son réseau, il est à la fois **avant** (ou en parallèle) l'envoi de votre CV à des chasseurs de têtes qui pourraient être intéressés par votre offre de compétence (comme avait coutume de le dire l'un de mes amis : on n'est jamais à l'abri d'un succès) ; et **après** la mise à jour de vos profils LinkedIn et Viadeo, afin d'être visible auprès de tous les professionnels qui pourraient faire une recherche par mots-clés sur des secteurs ou des compétences.

L'œil du coach

Autre point important : *quid* de l'opposition apparente entre l'approche réseau et les chasseurs de têtes ? Il faut absolument faire une approche réseau vers les chasseurs de têtes auprès desquels vous aurez déjà envoyé un CV et qui ne vous auront pas répondu. Recommandé par un de leurs proches vous aurez plus de chances de pouvoir plaider votre cause en direct.

Tout cela étant posé, il s'agit maintenant d'entrer dans le vif du sujet pour comprendre comment fonctionner en mode réseau.

Nous allons successivement étudier les règles à respecter avant les entretiens, les méthodes qui peuvent faciliter cette approche, et les différentes options qu'il convient d'envisager après vos entretiens.

Les règles à respecter avant une période d'entretiens décisifs

Avant tout : respectez votre rythme. Vous n'êtes pas dans une course contre la montre.

■ Être parfaitement bien dans sa peau lorsque vous commencez une période d'entretiens

Très en amont, ne négligez pas quelques semaines de vacances ou de pause « couette, chocolat, vin rouge » si vous avez du mal à faire le deuil de votre ancienne situation ou si vous ne supportez pas votre situation présente.

Juste avant un entretien réseau, vous pouvez essayer classiquement toutes les techniques de visualisation positive. Je conseille aussi souvent à mes clients une application très facilement téléchargeable sur votre Smartphone. Elle s'appelle la Cohérence Cardiaque. Il s'agit tout simplement de régler votre respiration sur un rythme de battement de cœur ralenti. Vous pouvez faire cela dans la salle d'attente avant de vous présenter à un rendez-vous. Cette technique très efficace, qui dure cinq minutes, vous permettra de vous présenter avec sérénité dès le début de l'échange.

Avoir confiance en soi quel que soit le niveau de l'interlocuteur que l'on rencontre

Pour cela, il est absolument nécessaire d'avoir préparé très scrupuleusement votre entretien. Cela signifie que vous vous êtes renseigné sur votre interlocuteur. Vous connaissez aussi votre sujet et avez une idée relativement précise de ce que vous souhaiteriez idéalement obtenir de lui.

Approches facilitant la recherche en réseau

Il existe une approche qui facilite grandement vos entretiens lorsque vous commencez à avoir épuisé votre premier cercle et vos amis. Il s'agit de l'approche dite du « thème de campagne ».

Elle consiste à vous présenter auprès de votre interlocuteur en sollicitant son avis sur un sujet qui vous intéresse professionnellement, pour lequel il fait figure de spécialiste et sur lequel vous cherchez à avoir une idée des bonnes pratiques du secteur ou de la profession.

Lors des premiers entretiens, même si vous avez correctement potassé votre sujet, vous ferez très probablement figure de néophyte. Cependant, après un peu de pratique, vous pourrez à votre tour informer votre interlocuteur des pratiques de son secteur ou de secteurs connexes et apparaîtrez alors comme apporteur de valeur ajoutée ou au moins comme quelqu'un digne d'intérêt.

Cette approche sera encore plus facile si vous avez repris des études et que vous écrivez un mémoire de fin d'étude. Vous travaillerez alors votre sujet et lui donnerez le résultat avec les bonnes pratiques des différentes sociétés connexes mais non concurrentes. Cela est également possible et assez facile si vous écrivez un livre ou un article sur un sujet que vous connaissez bien et que vous sollicitez leur expertise dans leur secteur. Mais même si vous n'êtes pas dans la mise en œuvre de quelque chose d'aussi sophistiqué que ce que je viens d'évoquer, cette démarche fonctionne de façon tout aussi efficace lorsque vous chercherez des informations sur un type d'environnement, un type de métier ou leurs évolutions respectives sur le marché actuel.

Cette approche offre de nouvelles occasions de contact avec des interlocuteurs précieux. Et certains d'entre eux peuvent être susceptibles de vous faire une proposition d'embauche, au moment où vous leur remettrez les résultats de votre analyse.

Les options à envisager après vos entretiens

Il est avant tout important de rester très ouvert sur les propositions ou les suggestions qui vous seront faites. Si vous avez la chance d'expliquer à un interlocuteur votre offre de service de façon directe ou subtile, restez très souple sur la réponse qu'il va vous apporter si elle ne correspond pas exactement à vos desiderata.

La situation *a priori* idéale

Il s'agit bien sûr du CDI dans une entreprise en croissance.

Le scénario gagnant consiste à identifier, lors de vos entretiens réseau, une société en phase de croissance qui aurait besoin de votre savoir-faire, de votre savoir-être et de votre réseau pour s'implanter rapidement sur un secteur ou sur un marché qu'elle ne connaît pas encore. Votre embauche lui éviterait les erreurs à ne pas commettre afin de devenir opérationnelle, très rapidement sur cette nouvelle niche.

Néanmoins, soyons clairs, dans le marché actuel, cela risque d'être rare. Il ne faut donc pas négliger les autres possibilités. Il peut s'agir de faire une mission de conseil, du management de transition, du mentoring pour une start-up, ou de la reprise d'une entreprise en difficulté.

Toutes ces choses peuvent conduire à une situation professionnelle pérenne, dans un monde professionnel qui est en complète dérégulation. Néanmoins, il vous faudra agir avec bon sens. N'acceptez pas une proposition parce que vous avez peur de la période de flottement dans laquelle vous vous trouvez, mais parce que cela sera susceptible de servir le projet professionnel que vous avez dessiné.

Focus sur l'étranger

N'hésitez pas également à faire un court passage vers l'étranger pour vous ouvrir l'esprit et voir comment un type de pratique similaire peut être présenté à l'international. Le benchmark et les meilleures pratiques sont toujours une excellente idée lorsque vous voulez vous lancer dans quelque chose de nouveau. Vous risquez probablement de vous apercevoir que, notre modèle économique occidental s'étant exporté dans le monde entier, nous avons également exporté les problèmes qui lui sont liés. Si l'on regarde cette approche de façon optimiste et pragmatique, cela signifie qu'une grande partie du monde est en train de se poser les mêmes questions que nous face au même type de problématique. Cela va donc vous offrir un panel important de solutions à expérimenter. Visitez, écoutez, essayez et revenez pour adapter…

Focus sur l'expérience start-up

Non il ne s'agit pas ici de la tarte à la crème qui consiste à vous trouver une utilité sociale pour occuper votre temps libre lorsque vous êtes hors poste, ou les premières années de votre départ en retraite. Il ne s'agit pas non plus *a priori* de chercher à faire fortune en vous lançant dans une expérience de capital-risque personnel (même si celle-ci n'est pas fondamentalement à exclure). Il s'agit d'utiliser cette expérience de mentoring de start-up comme un véritable outil de repositionnement professionnel.

De quoi parlons-nous et quelles sont les données de l'échange entre vous et la start-up en question ?

Vous apporterez votre expérience et votre réseau. De son côté, elle vous apportera la vision et l'expérience de la pratique d'un nouveau business model. Cela devient alors une phase de transition gagnant-gagnant. Si la start-up réussit, vous aurez la possibilité de devenir salarié, administrateur ou actionnaire. Si elle fait faillite ou se revend sans que vous ne puissiez en tirer profit, vous serez alors en mesure de valoriser cette expérience auprès d'une autre société de ce secteur en faisant valoir votre prise de risque et votre côté entrepreneurial, qui, croyez-moi, sera fortement valorisé dans le monde de demain.

Focus sur la reprise d'entreprise

Enfin, ce n'est pas parce que vous ne disposez pas de fonds personnels que vous ne pouvez pas penser à faire de la reprise d'entreprise.

Il y a encore de belles affaires à réaliser en s'adossant à des fonds. Ils vous demanderont peut-être de faire une mission de conseil, rémunérée ou pas, pour leur permettre de prendre pied dans un secteur qu'ils ne connaissent pas. Là encore, il vous faudra user de toute votre attention et de votre sagacité pour faire la différence entre quelqu'un qui va se comporter de façon indélicate et profiter de votre étude pour acheter une société et ensuite mettre quelqu'un de son réseau à votre place, et quelqu'un qui va vous récompenser à la hauteur des efforts que vous aurez fournis.

4

Choisissez votre nouvel univers professionnel

Nous avons longuement évoqué lors des premières parties de ce livre la façon dont vous allez effectuer votre travail. Les gens et l'organisation qui vous entourent sont au moins aussi, sinon plus importants que la description de vos responsabilités et des tâches que vous allez y effectuer (descriptif de poste).

Il est donc absolument primordial que vous analysiez en profondeur le nouvel environnement professionnel auquel vous vous destinez.

Pour minimiser tous les risques d'insertion, il vous faudra donc, au préalable, analyser les us et coutumes de l'entreprise que vous cherchez à rejoindre, et pour cela je vais m'appuyer sur un outil de coaching éprouvé : le questionnement.

Nous allons travailler sur le thème des questions. C'est-à-dire celles qu'il faut poser mais également celles auxquelles il conviendra de répondre lorsque vous êtes en entretien. Ces différentes questions devront bien sûr être modulées au fur et à mesure des entretiens que vous allez passer et des différents interlocuteurs que vous allez rencontrer. Elles se posent aussi bien dans le cadre d'entretiens réseau que lors d'un processus d'embauche direct ou indirect.

En ce qui concerne le cas spécifique des entretiens réseau, la problématique sera alors d'obtenir des informations sur la société à ce moment donné de son évolution et sur les différents challenges qu'elle rencontre.

Il vous faudra ensuite faire valider cette vision par différents interlocuteurs à l'intérieur et à l'extérieur de la société. Le but sera de confirmer que la compréhension que vous avez eue n'est pas celle d'une seule personne et qu'elle n'est pas biaisée.

Il vous faudra aussi analyser la pertinence de l'offre de valeur que vous proposez par rapport à ces enjeux et la faire partager à vos différents interlocuteurs pour qu'ils vous servent de sponsors.

L'œil du coach

Les questions que vous allez poser sont au moins aussi importantes que celles auxquelles vous devrez répondre. En effet, elles vont vous servir à comprendre si, une fois passée la période d'essai, il vous sera possible de rester de façon pérenne dans cette société, ce qui est clairement le but d'une embauche réussie.

Quels sont les objectifs à atteindre ?

Les objectifs que vous cherchez à atteindre sont de divers ordres.

- Tout d'abord, valider les informations que vous avez obtenues des différentes parties prenantes.

Il est très fréquent que vos premiers interlocuteurs ne disposent que d'une vision expurgée et parcellaire de la situation. Je parle spécifiquement ici des raisons de l'embauche ou des différents enjeux qui vont être mis en présence par votre arrivée dans le poste.

- Ensuite, comprendre l'objectif stratégique pour la société de cette embauche.

Cette étape est primordiale avant d'entrer en détail dans la façon dont vous allez exercer sa mise en œuvre. S'agit-il de pénétrer un nouveau segment de marché ? De structurer une organisation qui a grandi trop vite ? De rassurer un actionnaire majoritaire sur la capacité de la société à relever ses challenges ? D'assurer une cohésion politique entre différents donneurs d'ordre qui s'affrontent ? Si vous ne respectez pas cet objectif à moyen terme, quelle que soit la qualité de votre travail au jour le jour, vous n'aurez pas réussi l'enjeu stratégique de votre embauche et risquez d'être remercié au bout d'un an ou deux.

- Enfin, le troisième objectif consiste à avoir une idée de la personnalité de cette structure organisationnelle

Référez-vous aux parties précédentes, j'ai mentionné le test MBTI comme un outil très efficace pour connaître vos préférences et votre personnalité. Une société a ce même type de personnalité, avec ses préférences et ses forces. Il est important de vérifier que vous vous sentirez à l'aise avec les préférences de cette organisation et que vous ne serez pas en opposition avec ses valeurs, ce qui vous demanderait un effort d'adaptation beaucoup trop important sur le long terme.

Quelles sont les techniques de questionnement ?

Les techniques pour poser ces questions pourraient s'articuler autour des actions suivantes.

- Répéter les mêmes questions en face d'interlocuteurs différents pour vérifier qu'il n'y a pas d'incohérence majeure dans les réponses qu'ils vous donnent.
- Vérifier la façon dont votre interlocuteur vous répond : son ton, son attitude physique, ses signes non verbaux…
- Analyser les réponses données et obtenir des informations sur l'ambiance de cette société pour savoir si vous pourrez vous y acclimater à terme.

Les informations à obtenir absolument

- **Sur la société :** son actionnariat et sa forme juridique, ses secteurs d'opération, ses chiffres clés (CA, effectifs, résultat), ses objectifs à court et à moyen terme, son organisation juridique, son organisation physique et son organigramme.
- **Sur le poste :** la mission, les principales responsabilités, votre place dans l'organigramme, quels sont les critères de performance, et surtout s'il s'agit d'un remplacement ou d'une création de poste et pourquoi.

Les questions auxquelles vous devez vous préparer

Enfin, les questions auxquelles vous allez devoir répondre sont plus habituelles. Elles sont de différents ordres. Et il faut vous y préparer.

Les questions qui portent sur vous

- Parlez-moi de vous/ présentez-vous...
- Quelle est votre activité en ce moment ?
- Qu'aimez-vous le plus dans votre travail ?
- Qu'aimez-vous le moins dans votre travail ?
- Quelles sont vos principales qualités professionnelles ?
- Quelles sont vos qualités humaines ?
- Quels sont vos principaux défauts ?

L'œil du coach

> Pour ce type de questions, je vous conseille de les avoir longuement préparées à l'avance et d'être capable d'argumenter, sans vous troubler.

Une façon rassurante et factuelle consiste à donner des exemples de réussites, telles que nous avons appris à le faire dans les chapitres précédents. Les qualités et les défauts pourront s'appuyer sur les tests que vous aurez pris soin de faire en début de parcours.

Les questions qui portent sur votre parcours

- Pourquoi voulez-vous changer d'entreprise ?
- Pourquoi avez-vous quitté votre entreprise N – 1, N – 2 ?
- Si vous deviez refaire le processus de votre carrière, comment le referiez vous ?
- Pourquoi êtes-vous en recherche d'emploi depuis si longtemps ?

La subtilité des réponses consistera alors à expliquer que vous ne changeriez rien dans le processus de votre carrière. Il vous faudra aussi souligner que si vous voulez changer d'entreprise, ce n'est pas par caprice mais pour des raisons mûrement réfléchies, dont vous n'êtes pas d'ailleurs toujours responsable.

L'œil du coach

Si vous êtes en recherche d'emploi depuis longtemps, cela n'est en aucun cas un facteur rédhibitoire. Il vous faudra alors expliquer comment vous avez mis à profit ce temps libre pour progresser à la fois de façon personnelle et professionnelle. Et, bien sûr, présenter ce temps de maturation comme un superbe atout pour votre futur.

Les questions au sujet de votre entrée en fonction

- Quels sont vos atouts pour réussir à ce poste ?
- Dans votre expérience, quel est le poste qui ressemble le plus à celui qui vous est proposé aujourd'hui ?
- Quelles seraient vos trois premières actions ?
- En combien de temps pensez-vous être opérationnel ?

Pour répondre à ces questions, je vous propose de ne surtout pas hésiter à aller chercher dans l'intégralité de votre expérience professionnelle. En effet, ce que vous avez réussi à faire une fois dans votre carrière, vous êtes tout à fait légitime pour pouvoir le refaire plus tard et dans un autre contexte. Insistez sur ce point et mettez en avant les réussites que vous aurez préalablement préparées. Cela n'est pas une façon habituelle de fonctionner pour un cabinet de recrutement, néanmoins vos arguments restent tout à fait recevables.

Les questions au sujet de votre motivation

- Actuellement êtes-vous en rapport ou en pourparlers avec d'autres entreprises ?
- Où en êtes-vous avec ces propositions ?
- Quelle est la proposition actuelle qui vous plairait le plus sans inclure notre proposition ?

Le challenge consiste ici à montrer que vous êtes très intéressé par cette offre et par cette société, mais que ce n'est pas votre seule proposition possible. Cela enlèvera un peu, vis-à-vis de vos interlocuteurs, de vulnérabilité à votre position.

L'œil du coach

Ayez toujours à cœur de montrer qu'entre les différentes propositions que vous pourriez obtenir, votre préférence va à celle que vous propose la personne qui est en face de vous.

Les questions pièges

- Quel intérêt aurions-nous à vous recruter ?
- Quel est le salaire que vous demandez ?
- Quel est votre dernier salaire ?

Dans cette dernière partie, qui en général clôt le round des entretiens, il vous faudra rester relativement flexible et ouvert. Démontrer, pour la dernière fois probablement, que vous avez toutes les qualités, les savoir-être et savoir-faire nécessaires pour réussir dans le poste.

Ensuite, décorréler, autant que faire se peut votre ancien salaire du salaire que vous allez demander. En effet, le marché a probablement changé, les périodes de chômage auront tendance à tirer votre rémunération vers le bas, alors qu'un salaire devra et devrait toujours dépendre de ce qui vous sera demandé dans vos futures fonctions et de l'expérience que vous apporterez.

L'œil du coach

Soyez ouvert, parlez de votre expérience et répondez par une fourchette de salaire plutôt que par un montant fixe, ce qui vous laissera la possibilité de faire un arbitrage entre la partie fixe et la partie variable de votre rémunération.

5

Le principe de synchronicité

Et maintenant, que se passe-t-il ?

Maintenant que vous m'avez suivie dans cette lecture jusqu'à ce stade, vous avez en main tous les trucs et astuces, les proportions et les recettes de mon livre favori qui consiste à enchanter ou à réinventer sa vie personnelle et professionnelle en milieu de carrière. Vous devez certainement vous demander que faire et comment cela va se traduire pour vous. Ma réponse est simple, comme pour tout type d'apprentissage, et en tout état de cause, comme pour toute recette de cuisine, je vous suggère d'oublier vos appréhensions, de commencer à mélanger les différents ingrédients en commençant par le chapitre 1 et de laisser la magie de la recette opérer. La phase dans laquelle vous rencontrerez le plus de difficultés est celle où vous avez à sortir de votre bulle pour valider votre but ou votre recherche d'information en les confrontant à la réalité.

C'est une démarche peu habituelle, même pour ceux d'entre vous qui ont des fonctions commerciales, car le vendeur et le produit vendu sont une et même personne, c'est-à-dire vous.

L'œil du coach

Vous allez vous apercevoir que la phase de gêne, celle où vous avez l'impression d'être un adolescent à la recherche de sa première petite amie (phase de la vie excessivement inconfortable), passe très rapidement.

Si vous arrivez à faire ce premier pas, en général assez complexe pour la grande majorité d'entre vous, vous vous apercevrez que la magie commence à opérer.

Vous serez de plus en plus à l'aise pour vous présenter face à de parfaits inconnus, vous arriverez à glisser dans la conversation quelques-unes de vos réussites pour pouvoir vous mettre en valeur sans pour autant avoir l'impression de vous vendre. Vous aurez plaisir à vous rendre dans des endroits que vous ne connaissez pas pour rencontrer des gens nouveaux et apprendre des choses nouvelles.

Enfin, au bout de quelques semaines, vous vous rendrez compte que vous commencez à reconnaître des gens avec lesquels vous aurez discuté et que peu à peu vous vous retrouverez dans d'autres environnements. Bref, vous vous serez fait de nouveaux amis !

C'est ce nouveau socle de personnes qui va vous servir de transition entre votre vie ancienne et la vie que vous cherchez à avoir. Ce sont eux qui vont vous guider vers de nouveaux horizons.

Tout arrive en même temps

Si, cher lecteur, vous avez la persévérance de suivre jusque-là la mise en place de la méthode, vous vous apercevrez alors que la magie opère réellement et que tout arrive en même temps.

Le fait de sortir, de vous documenter sur de nouvelles entreprises, de nouvelles façons d'exercer son métier, de rencontrer des gens et de vous nourrir à nouveau, à la fois intellectuellement, émotionnellement et parfois même spirituellement, aura pour conséquence de vous remettre dans l'action. C'est-à-dire que vous aurez à nouveau cette notion de plaisir et de fierté des choses accomplies qui sera visible auprès de vos interlocuteurs.

Bizarrement, au bout de quelques semaines de ce nouveau régime, après un ou deux mois, des propositions vont commencer à arriver. Elles seront bien sûr souvent très loin de votre job idéal, mais cela n'a aucune importance. Cela prouve déjà votre retour sur le marché de la « désirabilité ». Alors, surtout, ne boudez pas votre plaisir et profitez-en.

Ensuite, écoutez bien les propositions qui vous seront faites : dans quel secteur elles se situent, quel est le business model sous-jacent, quelles sont les conditions financières qui vous sont proposées... ? Cette écoute attentive vous permettra au choix et selon les circonstances de :

- savoir quelles sont les niches d'emploi ou d'opportunités qui se développent à ce moment précis ;
- pouvoir éventuellement bouger les lignes des conditions financières et des différentes responsabilités. En effet, n'oubliez jamais qu'une proposition qui vous est faite, quelle qu'elle soit, n'est jamais gravée dans le marbre.

C'est tout au plus une première proposition dans la négociation d'un contrat, une proposition « pour voir ». Or, dans un contrat, tout se négocie, ne l'oubliez jamais, et les rapports de force peuvent totalement se modifier.

Exemple d'Olivier

Olivier, professeur de langues, avait reçu une proposition d'embauche qui correspondait en tout point à ce qu'il recherchait mais à un prix qui représentait environ un tiers de ce qu'il gagnait dans sa société précédente.
Sa première réaction a bien sûr été de rompre la négociation car il était offensé que quelqu'un puisse lui proposer un montant aussi ridicule. Je l'ai dissuadé d'adopter un comportement « émotionnel » et l'ai convaincu de reprendre les négociations en se mettant à la place de son employeur, en intégrant ses contraintes et en lui présentant les siennes.
Il lui a fallu ensuite quelques rendez-vous pour lui montrer, chiffres à l'appui, ce qu'il serait capable de lui apporter au terme du développement méthodologique et commercial.
Résultat : en moins de trois semaines, il a été embauché à des conditions financières comparables à son salaire précédent.

J'ai de nombreux autres clients pour lesquels leur nouvelle embauche s'est passée de la même façon.

Cela ne marche bien sûr pas à tous les coups, mais ça vaut la peine d'être tenté. La règle : être souple dans la négociation, ne pas réagir de façon émotionnelle mais toujours rester bien ancré sur son objectif.

Parfois, c'est la forme du contrat qui est en cause. En temps de crise, les entreprises sont de plus en plus frileuses dans leur prise de risque.

Exemple de Jacques

J'ai accompagné un cadre de direction senior (salaire de plusieurs centaines de milliers d'euros), à qui un cabinet d'*Executive Search* a proposé un contrat de prestation de service pour son client au lieu d'un contrat d'embauche. Après un épisode qui a ressemblé à la passe d'armes expliquée précédemment, il a fini par accepter. Moins d'un an plus tard son statut de contractant était transformé en contrat de travail et il était nommé au board mondial de la société qui l'avait embauché de cette façon si peu orthodoxe.

Le second effet de l'adoption de cette approche est que si vous êtes ouvert à des offres, vous en recevrez, et que plus vous avez de propositions, plus on vous en offrira d'autres. C'est un peu ce qu'il se passe avec les cabinets d'*Executive Search* qui s'adressent en priorité aux gens qui sont en poste. Petit à petit, vous serez en position de choisir et de faire monter les enchères (comme expliqué dans le paragraphe précédent) parce que vous disposerez de plusieurs possibilités…

Apprendre à cultiver sa chance

Il n'est jamais trop tard pour commencer à avancer, même si vous vous sentez au fond du trou et que votre situation professionnelle et votre situation personnelle dysfonctionnent en même temps.

Le travail sur vous-même, parfois en complément d'un thérapeute, le travail sur votre vie, le travail sur vos envies et le travail sur vos réussites permettent d'enclencher un phénomène gagnant qui vous permettra de vous repositionner. Quelle que soit la situation de départ ou la situation dans laquelle vous vous trouvez aujourd'hui, il est primordial de considérer que rien n'est jamais perdu d'avance et qu'avec le pire, on peut faire le meilleur. J'ai chaque année des exemples de clients qui se sortent de situations personnelles extrêmement compliquées et qui, lorsqu'ils reviennent me voir quelque temps plus tard, se trouvent dans des situations beaucoup plus favorables que celles qu'ils avaient vécues depuis de nombreuses années.

C'est avant tout une question de volonté et une décision d'accepter d'aider la chance. J'en veux pour illustration le cas d'une de mes clientes qui se dévalorisait et qui ne savait absolument plus comment rebondir après un outplacement[1] terminé, une formation qu'elle n'arrivait pas à valoriser, en fin de droits de Pôle Emploi et seule avec son enfant. Après une recherche d'emploi de plus de deux ans, elle est venue me voir dans une situation de précarité émotionnelle et financière extrême... Résultat : en moins de cinq mois, elle a retrouvé une situation meilleure en termes de salaire et de positionnement que celle qu'elle avait préalablement à son épisode traumatique. Elle a géré tout ce qu'elle souhaitait dans cette nouvelle société, et elle va se remarier. Amincie, embellie et rajeunie, elle n'a plus peur de grand-chose et certainement pas d'elle-même. Elle est prête à accepter de nouveaux défis.

1. Un outplacement consiste à faire, à l'aide d'un cabinet spécialisé, un bilan professionnel afin que le salarié en partance puisse se repositionner favorablement sur le marché du travail.

Votre vie de demain commence aujourd'hui

À ce stade, cher lecteur, nous sommes proches de la fin de notre voyage.

J'espère que vous avez pris autant de plaisir à me lire que j'en ai pris à vous écrire pour partager mes trucs et astuces avec vous.

Vous vous en doutez, bien sûr, tout ce que je vous ai proposé je l'ai expérimenté moi-même et j'ai accompagné des dizaines de clients chaque année à mettre en branle ce processus dans leur vie, leur environnement et leur transformation personnelle.

Les exemples que je vous ai cités sont tous tirés de cas réels que j'ai pu observer ces cinq dernières années. Certains d'entre eux vous sembleront couler de source ; pour d'autres, il se peut que vous ayez du mal à y croire ou que vous disiez que le résultat est uniquement dû à la chance. Certes, la chance entre dans l'équation, mais ce que je cherche ici à faire est vous donner les moyens de l'aider de façon systématique, jour après jour, afin que vous atteigniez vos objectifs de vie.

Si cela n'est pas déjà commencé au fur et à mesure de la lecture de ces chapitres, je vous engage à commencer à essayer les différentes choses que je décris dans ce livre. La seule personne qui vous empêche de réaliser vos ambitions, quelles que soient les circonstances, c'est vous... Regardez tous les jours, sur TED[1] par exemple, les témoignages de personnes ordinaires *a priori* qui réussissent des choses extraordinaires.

La réussite des choses que vous entreprendrez sera seulement due à votre attitude mentale. Alors commencez par la changer dès aujourd'hui.

---

1. Les conférences TED (Technology, Entertainment and Design) sont une série internationale de conférences mises gratuitement à la disposition du public. TED définit sa mission comme « propagateur d'idées ».

N'oubliez pas que le plus important consistera toujours à définir vos valeurs et à savoir dans quelle direction vous voulez aller pour les dix ou quinze prochaines années. Ensuite seulement, vous pouvez définir le chemin et aborder les moyens ou la façon de le faire.

Référez-vous à ce livre chaque fois que vous serez à une étape de décision dans le futur.

N'hésitez pas, une fois que vous aurez fait ce travail, à le revisiter tous les cinq ou dix ans.

Cela vous permettra d'affiner vos objectifs en fonction de vos perceptions et de votre expérience. Cela vous permettra aussi de vérifier si vos buts et valeurs n'ont pas changé, pour éventuellement les réajuster.

En effet, vous vous souvenez que vos objectifs de vie étaient très différents à 15, 25, 35 ans. Eh bien il en sera de même à 45, 55 ou 65 ans. À vous d'être vigilant, d'en prendre conscience et de ne pas mener un combat du passé.

Ce type de démarche conduit immanquablement à une impasse.

À vous d'être toujours dynamique et de surfer sur le haut de la vague.

En fait, les choix de vie que vous faites sont relatifs et non absolus. Ils dépendent de vos rêves, de vos contraintes et de vos objectifs à un moment donné de votre carrière.

Cinq ou dix ans plus tard, tout peut être remis en cause. Vous ne serez plus la même personne. Vous n'aurez plus les mêmes objectifs. Vous vous rendrez compte que votre carrière ne consistera pas forcément à prendre la place de votre patron, à faire la même chose en plus grand ou à faire la même chose en plus petit parce que nécessité fera loi.

Vous vous apercevrez que plus vous augmentez en âge et en expérience, plus libre vous serez en termes de choix et de façon de les aborder.

À vous de vous réinventer, personnellement et professionnellement. Ne cherchez pas à jouer la même partition que les jeunes trentenaires sur le marché du travail. Leur position vous semble plus facile parce qu'ils sont plus demandés par un cabinet d'*Executive Search*. Ne vous trompez pas de partition, celle que vous avez à jouer est autrement plus riche à la fois pour vous et pour votre futur employeur.

Il vous suffit d'identifier de quelles notes elle se compose, de pratiquer votre jeu et de l'assumer entièrement.

L'avis de l'expert

« Donner une chance à la chance... »

Philippe Gabilliet, professeur de leadership à l'ESCP Europe

J'ai lu il y a quelques années un livre publié par Philippe Gabilliet, *Éloge de la chance ou l'art de prendre sa vie en main,* alors que j'étais moi-même à la croisée de chemins professionnels. Ce livre soutient la théorie que la chance est une compétence, et qu'elle se travaille. C'est-à-dire que ceux qui ont de la chance à répétition en sont responsables et ceux qui ont de la malchance à répétition en sont également responsables.

Mireille Garolla : Pourriez-vous développer cette idée pour nos lecteurs ?

› *Philippe Gabilliet :* L'idée de départ est venue très simplement de mes collaborateurs qui, à compétences égales et à efforts égaux, me disaient : « C'est comme si certains avaient plus de chance que d'autres. » La question étant : comment peut-on traiter un sujet pareil ? On peut, bien évidemment, en faire une approche spirituelle ou philosophique mais, dans le monde du travail, cela n'est pas évident.

Certains me disent qu'ils ont « de bonnes cartes », qu'ils ont une belle voix, qu'ils présentent bien et que ça explique leur situation. Or j'ai toujours connu dans la vie professionnelle des gens qui avaient d'excellentes « cartes de vie », si l'on peut dire, et qui n'en avaient rien fait. Il y a aussi des hommes et des femmes qui, initialement, n'avaient pas forcément les « bonnes cartes », pas le physique qui « va bien », pas une voix terrible, pas beaucoup de charisme et qui, pourtant, réussissaient. C'est ce qui a suscité mon intérêt, le fait de se rendre compte que cette chance n'est pas obligatoirement un talent inné. D'où l'hypothèse de départ : et si, en fait, la chance était le résultat d'un certain nombre d'attitudes et de comportements que les gens vont – plus ou moins consciemment – mettre en œuvre ?

MG : Vous définissez la chance comme la capacité à créer autour de soi un environnement favorable. Vous aimez notamment citer Coluche : « Avoir de la chance, c'est avoir la capacité à gagner des concours de circonstances. » Comment fait-on ?

› *PG :* Cela part d'une idée extrêmement simple, que l'on connaît bien dans le monde professionnel, qui est l'idée d'opportunité. L'opportunité, dans le fond, qu'est-ce que c'est ? C'est au départ un événement, une circonstance totalement inattendue pour nous. Cette circonstance peut d'ailleurs être heureuse, bénéfique ou, au contraire, malheureuse. Il nous arrive quelque chose que l'on n'a pas vu venir, que l'on n'a pas pu prévoir et qui, en fait, si on est attentif, nous ouvre instantanément une fenêtre d'action qui n'existait pas même cinq minutes avant. La notion d'opportunité confond souvent un peu les gens. Ils disent : « Moi je cherche absolument des opportunités, il faut que j'en trouve. » Le problème n'est pas là. L'opportunité n'est pas une caractéristique de mon environnement. L'opportunité, c'est la rencontre à un moment donné entre un événement inattendu et un état d'esprit. La recherche d'opportunité paradoxalement est d'abord une recherche intérieure.

MG : Donc ce n'est pas une prise de risque ou une recherche de sécurité à tous crins… Quoi que l'on fasse, l'opportunité se présente ?

› *PG :* En tout cas, des tas de choses se présentent autour de moi. Vais-je en faire des opportunités, c'est autre chose… L'opportunité peut venir de n'importe où. Je me souviens avoir travaillé avec un collaborateur qui se plaignait de ne jamais avoir de chance. Un jour, alors qu'il demandait à l'un de ses plus anciens collègues de confirmer qu'il n'avait jamais eu de chance, celui-ci, agacé, a fini par lui répondre : « Oui, j'admets, toi tu n'as jamais eu de chance, mais même si tu en avais eu, qu'est-ce que tu en aurais fait ? » Cette idée est essentielle : si je ne suis pas prêt à rencontrer la chance, elle va passer à côté de moi mais je ne la saisirai pas.

MG : Est-ce que vous auriez des exemples pratiques de gens qui ont su prendre leur chance dans des circonstances a priori *très défavorables et qui ont su en faire quelque chose ?*

› *PG :* Il y a trois exemples que je rencontre très souvent. Ce sont les trois événements inattendus que sont la rupture inattendue, l'échec inattendu et le problème de santé inattendu. Ces événements pourraient être traduits au départ comme des gros coups de malchance.

Beaucoup de gens vont vous dire : « C'est parce que je me suis fait licencier par surprise à telle époque, de telle entreprise que j'ai eu l'opportunité de rencontrer les gens chez qui je travaille aujourd'hui et avec lesquels je m'épanouis totalement. » Ou encore : « C'est parce que je me suis fait plaquer par l'homme qui m'a laissé seule avec mes enfants que j'ai rencontré l'homme formidable avec qui je vis aujourd'hui. »

MG : Philippe, vous expliquiez tout à l'heure que la chance consistait à changer de paradigme et à saisir des opportunités lorsqu'elles se présentaient. Quelles sont très concrètement les opportunités auxquelles vous faites référence ?

› *PG :* En fait, les opportunités sont toujours des déclinaisons ou des variations de l'inattendu. Cela peut être d'abord sous la forme d'une rencontre inattendue. La rencontre peut conduire à être en contact avec une information inattendue, une donnée, un tuyau, que je n'aurais jamais eu sans cette rencontre. Par ailleurs, l'opportunité peut provenir d'un accident de parcours, qui, par définition, est inattendu. Pour pouvoir les détecter, il faut être dans l'ouverture et la vigilance. Les Anglo-Saxons ont, pour cette attitude-là, une expression que je trouve très claire, qui est « luck-readyness ». C'est le fait d'être en permanence mentalement prêt à avoir de la chance.

MG : Maintenant que nous sommes devenus vigilants, la question est : quand on a décelé une opportunité, que fait-on ?

› *PG :* L'opportunité signifie qu'on se recadre et qu'on se repositionne dans les liens sociaux. Elle est un jeu d'échange. Les opportunités, comme l'argent ou encore l'amour, doivent circuler pour pouvoir créer de la valeur. Elles doivent être partagées. La question à se poser est : en quoi, moi, je suis une opportunité dans ce système ? C'est-à-dire : en quoi, suis-je une chance pour autrui ? Plus je passe mon temps à être une chance pour autrui, plus je vais recevoir cette chance à travers les autres. Au-delà de cette ouverture sur le monde et de la connexion avec les autres, ce qui va être l'accélérateur, c'est l'intention. Pasteur disait : « Le hasard ne favorise que les esprits préparés. » Ils sont préparés par une intention. Derrière l'intention, on peut voir plusieurs significations. Pour certains, il s'agira déjà d'un projet très clair ; pour d'autres, il s'agira d'un rêve ; pour d'autres enfin, il s'agira d'un espoir. Dans tous les cas il s'agit d'une cible à atteindre. C'est mon système de sélection de l'information, de prise de décision et même de prise de risque qui me met en position de « parier ». Néanmoins, le prix à payer pour pouvoir faire ce « pari », c'est d'accepter de perdre.

MG : Comment gère-t-on l'échec ? Ça n'est pas forcément facile quand on est en position de doute.

› *PG :* L'échec ne pose problème qu'à partir du moment où il est vécu comme étant une erreur. La question est donc la suivante : cet échec que j'ai vécu, à qui porte-t-il tort ? Le problème aujourd'hui est que celui qui souffre a tendance à penser que cela veut dire que quelque chose ne va pas. Cette quête du bonheur conforme et sans douleur n'est pas positive. Si l'échec me fait souffrir, cela peut vouloir dire qu'il est temps de demander de l'aide à des gens dont c'est le métier. Pourquoi devrait-on toujours affronter tout, tout seul ?

Conclusion

En conclusion, si vous m'avez suivie jusqu'au bout de cette démarche, il n'y a une chose dont vous devez être persuadé.

Quelles que soient les circonstances, quel que soit le marché du travail, votre vie et votre carrière dépendent en grande partie de ce que vous en ferez. Je ne vous dis pas que cela sera facile et que vous trouverez le poste de vos rêves dans un marché extrêmement difficile, quoique cela puisse également arriver.

Ce qui est certain, c'est que vous êtes à un moment de votre vie où il est essentiel que vous preniez votre présent et votre avenir en main. Si vous prenez le temps d'analyser vos forces et vos faiblesses sur un marché très concurrentiel, vous aurez infiniment plus de chances de vous retrouver en poste, et dans un poste qui vous conviendra mieux.

Le risque le plus grand est que vous laissiez d'autres personnes vous influencer à ce stade de votre parcours, car alors vous ferez des choix qu'il sera difficile d'expliquer et de défaire. Méfiez-vous, par exemple, des conseils à la mode qui vous proposent de créer votre propre entreprise. Si tel n'est pas votre tempérament, vous serez dans une position encore plus précaire dans quelques mois que celle dans laquelle vous vous trouvez aujourd'hui.

En revanche, si vous venez de sortir de votre entreprise ou si vous envisagez de le faire rapidement, n'oubliez pas que vous vivez dans un pays qui indemnise très bien et vous bénéficierez probablement d'un package de sortie. Vous avez donc deux façons d'envisager votre situation. La première consiste à considérer qu'après ce que vous avez donné de vous-même à la société qui vous laisse partir, cette situation est excessivement injuste, et vous aurez beaucoup de mal à faire le deuil du passé. La seconde consiste à considérer que votre départ est un fait sur lequel vous n'avez que peu de prise. Vous avez en revanche la possibilité, pendant la période où votre sécurité financière est assurée, d'utiliser tout votre temps, vos capacités intellectuelles et votre expérience du monde du travail pour définir et expérimenter quel pourrait être votre avenir personnel et professionnel. C'est une formidable opportunité qui ne se présente réellement qu'une fois dans une vie. C'est probablement quelque chose que vous n'avez pas pris le temps de faire, même lors de votre adolescence.

Alors bienvenue dans un monde meilleur : le vôtre !

Références bibliographiques

Jacques Attali, *Devenir soi*, coll. « Essai », Fayard, 2014.

Hervé Bommelaer, *Trouver le bon job grâce au réseau*, Eyrolles, 2012.

Philippe Gabilliet, *Éloge de la chance ou l'art de prendre sa vie en main*, Saint-Simon, 2012.

Carl-Gustav Jung, *Types psychologiques*, Georg, 1997.

Abraham Maslow, *Devenir le meilleur de soi-même – Besoins fondamentaux, motivation et personnalité*, Eyrolles, 2013.

D. David O'Hare, *Cohérence cardiaque 365*, Thierry Souccar, 2012.

Michel Serres, *Petite Poucette*, Le Pommier, 2012.

www.ingramcontent.com/pod-product-compliance
Ingram Content Group UK Ltd.
Pitfield, Milton Keynes, MK11 3LW, UK
UKHW021043220726
13924UKWH00006B/2237

9 782212 561739